SOJABOHNE
KÖNIGIN DER BOHNEN

JAHRTAUSENDEALTE KOCHKULTUR NEU ENTDECKT
35 REZEPTE ZUR GESUNDEN ERNÄHRUNG

YAXIN YANG

**FOTOS UND BUCHGESTALTUNG
VON FEIPENG JIANG**

04

Sojabohnenkeimling

VORWORT

ESSEN UND TRINKEN – BEDEUTET LEBEN 饮食生活!
Aus der Nahrung gewinnen wir Kraft und Energie, aber auch Wohlbefinden, Zufriedenheit, Heiterkeit und vor allem Gesundheit! Das Gegenteil von alledem tritt ein, wenn wir uns falsch ernähren!

MEDIZIN UND ERNÄHRUNG SPEISEN SICH AUS DERSELBEN QUELLE 医食同源.

Das, was wir GESUNDHEIT 健康 nennen, ist nichts anderes als die Balance – das Gleichgewicht von Körper, Geist und Seele – schlicht die HARMONIE 和谐 unseres Daseins!

In der chinesischen Kultur wurde daher auch nie, anders als bei uns, zwischen Ernährung und Medizin unterschieden. Die Ganzheitlichkeit des Menschen stand immer im Mittelpunkt. Im China von heute, das sich anschickt, auf nahezu allen Gebieten mehr und mehr die Führung in der modernen Welt anzustreben, drohen alte und bewährte Lebensweisen dem Fortschritt zum Opfer zu fallen. Darin unterscheidet sich China nicht von anderen nach Fortschritt strebenden Ländern. Westliche – europäische und amerikanische – Lebens- und Ernährungsgewohnheiten sind besonders bei der chinesischen Jugend sehr populär – HIP 流行!

Um so mehr verdient es daher Beachtung und Respekt, wenn sich die Autorin dieses Buches, YAXIN YANG, und ihr Mann, der Fotograf FEIPENG JIANG, junge, moderne Chinesen, auf ihre wertvolle, jahrtausendealte Ernährungskultur rückbesinnen und dieses lesenswerte Buch publizieren. Beide leben und arbeiten sowohl in China als auch in Deutschland und werden inspiriert durch ihre Einblicke in beide Welten.

Wir im Westen, besonders in Europa und Amerika, haben mächtige Gesundheitsprobleme, hervorgerufen durch unsere „unharmonischen" Lebens- und Ernährungsgewohnheiten. Eine Vielzahl von neueren wissenschaftlichen Erkenntnissen über ernährungsbedingte Krankheiten belegt dies. Der Anteil der durch Falschernährung hervorgerufenen Krankheiten ist außerordentlich hoch und zwingt zum Umdenken!

Heute verstehen immer mehr Menschen den Zusammenhang von Ernährung und Gesundheit, immer mehr Menschen suchen nach gesunden, wohlschmeckenden, leicht und schnell zuzubereitenden Alternativen. Dieses Buch soll Motivation sein für eine solche Ernährungsumstellung und gleichzeitig anregen, sich mit dem Thema vertiefend zu befassen. Schließlich geht es um viel mehr als nur um unseren Magen und unsere Gesundheit!

Yaxin Yang und Feipeng Jiang, der nicht nur die tollen Bilder zu diesem Buch beigesteuert, sondern auch alle Gerichte lustvoll gegessen hat, wünsche ich viel Erfolg mit diesem schönen, lehrreichen und gut gemachten Buch, das hoffentlich auch bald in China erscheinen und auch dort Erfolg haben wird.

Ihnen, verehrte Leser, Glückwunsch zum Kauf dieses tollen Buches, viel Freude beim Kochen und

GUTEN APPETIT 吃好!

Herzlichst, Ihr Carl Friedrich Wolf v. Gaisberg

06

Lieber Leser,

Das „GOLD DES ACKERS" oder „DAS FLEISCH VOM FELD", auch „WUNDERPFLANZE" wird die zur Familie der Schmetterlingsblütler gehörende Sojapflanze genannt und zählt zu den ältesten Kulturpflanzen der Menschheit!

Vor rund 5000 Jahren schon wurde sie in China beschrieben und zählte neben Reis, Weizen, Gerste und Hirse zu den „FÜNF HEILIGEN PFLANZEN"(五谷), die vom Kaiser jedes Jahr symbolisch eigenhändig ausgesät wurden.

DADOU (大豆), „große Bohne", wird die im alten China als Arznei- und Heilmittel für Herz, Leber, Niere, Magen und Darmerkrankungen bekannte Pflanze genannt.

Auch im südlichen Asien, vor allem in Japan und Korea, war die Bohne sehr früh bekannt und als Kulturpflanze geschätzt. Nach Europa kam sie erst im 17. Jahrhundert, vermutlich durch den Botaniker Engelbert Kaempfer, der sie von einer Japanreise mitbrachte. Ende des 19. Jahrhunderts fanden die Sojabohnen über Österreich ihren Weg nach und nach in die heutigen Hauptanbauländer auf dem amerikanischen Kontinent und zurück nach Europa.

Die Bewunderung für die Sojapflanze mag auch darin liegen, dass sie wie kaum eine andere Pflanze, die Erdnuss ausgenommen, in einer Vegetationsphase von nur etwa 100 Tagen in der Lage ist, energiereiche organische Substanzen zu bilden, die etwa 40-mal höher sind als die durchschnittliche mit Vegetation bedeckte Erdoberfläche.

Ihr enormer, qualitativ hochwertiger Eiweißgehalt hebt sie ab von allen anderen Pflanzen und macht sie in der Tat zur „KÖNIGIN DER BOHNEN"! Da ihr Eiweiß dem tierischen Eiweiß vergleichbar ist, gilt sie auch als „DAS FLEISCH VOM FELD".

In diesem Buch können nicht alle ernährungsspezifischen Details berücksichtigt werden, auch nicht die ganze Geschichte der Sojabohne. Ich möchte mich stattdessen ganz darauf konzentrieren, Ihnen, liebe Leser, zu zeigen, wie Sie leicht und schnell aus dieser „Gesunden Königin" leckere Gerichte zaubern können. Ich hoffe, Sie haben genau soviel Spaß beim Kochen und Essen wie ich!

In diesem Sinne :

Viel Erfolg und gutes Gelingen 成功，如意！

Ihre Yaxin Yang

Soja-Blatt

SOJABOHNEN UND ICH
Seiten: 14-19

VORBEREITUNG ZUM BOHNENESSEN
Seiten: 20-25

ORIGINALGESCHMACK DER KÖNIGIN
Seiten: 28-59

VIER ZUBEREITUNGSARTEN DER SOJABOHNE
Seiten: 60-91

SOJAPRODUKTE
Seiten: 92-175

**DER VERWENDUNG VON SOJABOHNEN
SIND FAST KEINE GRENZEN GESETZT!**
Seiten: 178-197

INDEX
Seiten: 200-205

INHALT

Kap. 1
SOJABOHNEN UND ICH

MEINE ERSTE GESCHMACKSERINNERUNG
Seiten: 16-17

ICH HABE EINE SOJABOHNE GEPFLANZT
Seiten: 18-19

Kap. 2
VORBEREITUNG ZUM BOHNENESSEN

WO BEKOMME ICH DIE BOHNEN?
Seiten: 22-23

KÜCHENGEWÜRZE UND ÖLE
Seite: 24

KÜCHENUTENSILIEN ZUM KOCHEN
Seite: 25

Kap. 3
ORIGINALGESCHMACK DER KÖNIGIN

EDAMAME MIT STERNANIS
Seiten: 34-35

GEBRATENE EDAMAME-BOHNEN
Seiten: 40-41

EDAMAME-PASTE MIT NÜSSEN
Seiten: 42-43

IN DREI SCHRITTEN ZUM START
Seiten: 46-47

PUR GENIESSEN
Seiten: 48-49

MIT SPINAT-SALAT UND SESAMSAUCE
Seiten: 52-53

MIT KOMBU-ALGEN-SALAT
Seiten: 54-55

MIT NATURREIS
Seiten: 58-59

Kap. 4
VIER ZUBEREITUNGSARTEN DER SOJABOHNE

SÜSSE BOHNEN
Seiten: 62-67

WÜRZIGE BOHNEN
Seiten: 68-73

KNUSPRIGE BOHNEN
BACKOFENVARIANTE
FRITTIERTE VARIANTE
Seiten: 74-83

SAURE BOHNEN
Seiten: 84-91

Kap. 5
SOJAPRODUKTE

DIE BEKANNTESTEN SOJAPRODUKTE
Seiten: 94-97

VON DER BOHNE ZUM MEHL

GERÖSTETES SOJAMEHL
Seiten: 100-101

RAINDROP-CAKE MIT GERÖSTETEM SOJAMEHL
Seiten: 102-103

BANANENEIS MIT GERÖSTETEM SOJAMEHL OHNE EISMASCHINE
Seiten: 104-105

VON DER BOHNE ZUM TOFU

TOFU-HERSTELLUNG ZUHAUSE
Seiten: 108-115

**DIE BEKANNTESTEN TOFUSORTEN
NATURTOFU SEIDENTOFU RÄUCHERTOFU**
Seiten: 118-119

GEHEIMTIPP: NATURTOFU BLANCHIEREN
Seiten: 122-123

TOFU MIT GEBRATENEM CHINAKOHL
Seiten: 124-127

GONGBAO-TOFU
Seiten: 128-129

LAUWARMER NATURTOFU
Seiten: 130-131

GUOTA-TOFU
Seiten: 132-133

**KNUSPRIGER TOFU
MIT ROTER SAUCE UND KRÄUTERN**
Seiten: 134-135

**GEFRORENER TOFU –
„VIEL-GLÜCK-TOFU"**
Seiten: 140-141

**GEFRORENER TOFU
MIT SAUERKRAUT UND REISNUDELN**
Seiten: 142-143

SEIDENTOFUSUPPE
Seiten: 148-151

**GEDÄMPFTER SEIDENTOFU
MIT HOKKAIDO-KÜRBIS**
Seiten: 152-153

**RÄUCHERTOFU
MIT GEBRATENEN ROTEN ZWIEBELN**
Seiten: 156-157

**RÄUCHERTOFU
MIT GEBRATENEM STANGENSELLERIE**
Seiten: 158-159

**RÄUCHERTOFU
MIT GEBRATENEN ZUCKERSCHOTEN**
Seiten: 162-163

VON DER BOHNE ZUR SOJAMILCH

SOJA-DATTELN-SMOOTHIE WARM ODER KALT
Seiten: 170-171

**KALTE NUDELSUPPE MIT SOJAMILCH
UND SEIDENTOFU**
Seiten: 174-175

Kap. 6
DER VERWENDUNG VON SOJABOHNEN SIND FAST KEINE GRENZEN GESETZT!

SOJABOHNEN-ZWIEBEL-BROTAUFSTRICH
Seiten: 178-179

SOJABOHNEN-FOND
Seiten: 180-181

SOJABOHNEN-BÄLLCHEN
Seiten: 184-187

SOJABOHNENSAUCE MIT SPAGHETTI
Seiten: 188-189

**SOJABOHNEN MIT ORECCHIETTE
UND YUXIANG-SAUCE**
Seiten: 190-191

SOJABOHNEN-PUFFER
Seiten: 192-193

INDEX

REZEPTE NACH ZUTATEN
Seiten: 202-203

REZEPTE NACH HAUPTKATEGORIEN
Seiten: 204-205

MEINE ERSTE
GESCHMACKSERINNERUNG
Seiten: 16-17

ICH HABE EINE SOJABOHNE GEPFLANZT
Seiten: 18-19

Kap. 1

SOJABOHNEN UND ICH

14–19

MEINE ERSTE GESCHMACKSERINNERUNG

Ich war genau 100 Tage alt

Ich bin Yaxin Yang, in den 70er-Jahren des vergangenen Jahrhunderts in Peking geboren. 2001 kam ich nach Deutschland, um Illustration und Design zu studieren. In Hamburg habe ich mein Diplom als Illustratorin abgeschlossen. Jetzt arbeite und lebe ich in Berlin und Peking. Als ich geboren wurde, so haben meine Eltern es mir erzählt, waren alle Güter in China knapp, auch Lebensmittel: Wurde ein Baby geboren, bekamen die Eltern Bezugsscheine für Milchpulver. Doch dieses enthielt keine Kuhmilch, sondern hauptsächlich SOJAMEHL. Die erste Geschmackserinnerung meines Lebens!

17

Unreife Sojabohnen heißen Edamame.
Diese „Baby"-Bohne ist 1 Tag alt.

ICH HABE EINE SOJABOHNE GEPFLANZT

Ich nenne sie „DouDou"!
Ich habe erlebt, wie sie aus der Erde ausbricht und dem Sonnenlicht entgegenstrebt. Sie öffnet sich, und ihre Blätter wenden sich der Sonne zu. Wird es dunkel, bringt sie ihre Blätter automatisch in den Energiesparmodus, lässt sich hängen und schöpft so neue Kraft für den nächsten Tag. Dieses wiederkehrende Schauspiel ist faszinierend zu beobachten. Eine geradezu magische Energie scheint die Bohne anzutreiben!

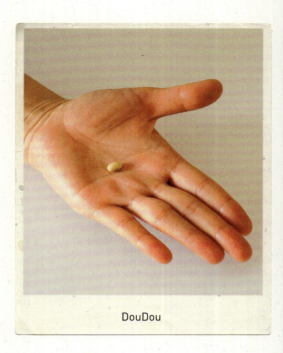

DouDou

7. Tag: DouDou bricht aus dem Boden aus

DouDou, 18 Tage alt

28. Tag: DouDou ist schnell gewachsen

DouDou hat eine erste Knospe

DouDou hat geblüht,
es war eine sehr zarte kleine,
lilafarbene Blüte

Aus der verblühten Blüte
bohrt sich eine kleine Schote hervor

Kleine Schoten wachsen
schnell zu flauschigen Hülsen

Durch die Sonne sieht man
die Nachkommen der DouDou

Die ersten Bohnen der Edamame-Schote
kann man essen

Nach zwei Monaten Trocknung kann man aus der
Edamame-Schote reife Sojabohnen ernten

WO BEKOMME ICH DIE BOHNEN?
Seiten: 22-23

KÜCHENGEWÜRZE UND ÖLE
Seite: 24

KÜCHENUTENSILIEN ZUM KOCHEN
Seite: 25

Kap. **2**

VORBEREITUNG ZUM BOHNENESSEN

21

WO BEKOMME ICH SOJABOHNEN?

Der Anbau von Sojabohnen, eine Nutzpflanze aus der Familie der Hülsenfrüchtler, ist seit 5000 Jahren als Nahrungspflanze nachgewiesen. Ende des 19. Jahrhunderts fand die Sojabohne über Österreich ihren Weg in die heutigen Hauptanbauländer auf dem amerikanischen Kontinent. Prof. Dr. Friedrich Haberlandt (1826-1878 in Wien) entdeckte Ende des 19. Jahrhunderts die Sojabohne als wichtige Kulturpflanze für die heimische Landwirtschaft. Seit 1875 bemühte sich Haberlandt, die Sojabohne in Österreich und Deutschland als Feldfrucht einzuführen.

Sojabohnen sind in Europa längst keine Seltenheit mehr, doch bevor man die Vorzüge der Frucht zu schätzen wusste, wurden Sojabohnen in Europa nur als Tierfutter verwendet. Da jedoch immer mehr Europäer die vielen Vorteile des Verzehrs von Sojaprodukten entdeckt haben, konsumieren sie zunehmend direkt Sojaprodukte. In Deutschland und Österreich haben die Anbauflächen für Sojabohnen daher deutlich zugenommen. In vielen Supermärkten ist es inzwischen auch möglich, lokal produzierte Produkte zu kaufen.

Sojaprodukte und Bio-Sojabohnen sollten Sie direkt von Biobetrieben oder in Bio-Märkten beziehen. Bei dunkler und trockener Lagerung halten sie 2-3 Jahre.

KÜCHENGEWÜRZE UND ÖLE

Achten Sie bei allen Zutaten möglichst auf Bio-Qualität. Sojasaucen am besten salzreduziert und keine Geschmacksverstärker nehmen. Verwenden Sie Kräuter nach Lust und Laune, alles ist erlaubt. Bratöl, Olivenöl, geröstetes Sesamöl, Sojaöl, Balsamico, Echter Sternanis, Szechuanpfeffer, Salz (sparsam), Honig/Zucker.

SALZ

ZUCKER

BRATÖL   **OLIVENÖL**

GERÖSTETES SESAMÖL   **SOJASAUCE**   **BALSAMICO**

ECHTER STERNANIS

SZECHUANPFEFFER

ist eines der am häufigsten verwendeten Gewürze in der chinesischen Küche. Echter Sternanis besteht aus acht verholzten Balgfrüchten und schmeckt leicht süß und lakritzartig und hat wie Anis (Pimpinella anisum) schleimlösende Wirkung und wirkt leicht krampflösend. In einem geschlossenen Glas aufbewahrt beträgt die Haltbarkeit etwa drei Jahre. Gibt es im Supermarkt und in Asienläden.

In der traditionellen Küche in China wird häufig Szechuanpfeffer verwendet. Es ist ein pikant schmeckendes Gewürz und nicht mit Schwarzem Pfeffer verwandt. Als Gewürz können Pfefferkörner und Samen verwendet werden. Die Speichelsekretion wird gefördert und der Appetit angeregt. Sein Charakter ist würzig und warm, was zu einer Erweiterung der Blutgefäße und somit zu einem niedrigeren Blutdruck führen kann. In Asienläden kann man ihn kaufen.

KÜCHENUTENSILIEN ZUM KOCHEN

Sie brauchen keine spezielle Küchenwerkzeuge anzuschaffen, um die Rezepte nachkochen zu können. Die einfache Grundausstattung reicht in den meisten Fällen schon aus.

JETZT HABE
NUN KANN E

26

**WIR ALLES,
S LOSGEHEN.**

———————————— 27

EDAMAME MIT STERNANIS
Seiten: 34-35

GEBRATENE EDAMAME-BOHNEN
Seiten: 40-41

EDAMAME-PASTE MIT NÜSSEN
Seiten: 42-43

IN DREI SCHRITTEN ZUM START
Seiten: 46-47

PUR GENIEßEN
Seiten: 48-49

MIT SPINAT-SALAT UND SESAMSAUCE
Seiten: 52-53

MIT KOMBU-ALGEN-SALAT
Seiten: 54-55

MIT NATURREIS
Seiten: 58-59

Kap. **3**

**ORIGINALGESCHMACK
DER KÖNIGIN**

29

28-59

Tiefgekühlte Edamame (mit Schale)

EDAMAME

Die japanische Bezeichnung Edamame bedeutet etwa „Bohne am Zweig." Es bezeichnet die noch nicht ausgereifte grünliche, aber essbare Sojabohne. Zu diesem Zeitpunkt ist die Schote grün mit feinen Härchen, ähnlich dem Flaum bei Babys. Daher heißen sie in China auch „MaoDou", „die Bohnen mit Haaren".

Edamame finden Sie in der Tiefkühltruhe in manchen Bio-Läden und im Asienladen. Vor dem Verzehr müssen Sie die Bohnen bissfest weichkochen. Sie sind eine super Low-Carb-Knabberei, machen satt, aber nicht dick!

Mit Chili-Schoten und Gewürzen gekochte Edamame in einer Straßenküche in Xi'an.

EDAMAME MIT STERNANIS

ZUTATEN

300 g Edamame
*(Sojabohnen in der Schale,
gibt es in der Tiefkühlabteilung im Asienladen)*
3 Stück Sternanis
1 TL Szechuanpfefferkörner
1/2 TL Öl
1 EL Salz
1 TL Zucker
1 TL Sesamöl
2 trockene Chili-Schoten
1 TL Cognac *(kann man auch weglassen)*
600 ml Wasser

4 PERSONEN
ZUBEREITUNGSZEIT: 10 MIN

ZUBEREITUNG

Salz und Sternanis, Pfeffer, Zucker (oder Honig) und Chili-Schoten in kochendes Wasser geben, 2 Min kochen. 1/2 TL Öl zusammen mit der Edamame vorsichtig dazugeben und 8 Min ohne Deckel kochen, zum Schluss Cognac dazugeben. Danach die Bohnen in ein Sieb abgießen, in eine Schüssel füllen und mit 1 TL Sesamöl vermengen. Die Edamame behalten die schöne Farbe. Bei Tisch die Bohnen am schmaleren Ende halten und die Kerne mit den Zähnen aus der Schale ziehen. Die Schale isst man nicht!

TIPP:
Der Geschmack wird intensiver, wenn Sie die Bohnen im Sud für 1-2 Stunden in den Kühlschrank stellen und kalt genießen. Dazu passt ein frisches Bier.

PROST ODER GANBEI!

Gleich nachdem die Gäste Platz genommen haben, bringen die Kellner in vielen Restaurants eine kleine Schale Edamame und gießen Tee ein, damit die Gäste in Ruhe bestellen und sich gemütlich mit Freunden unterhalten können. Sie können natürlich auch eine ordentliche Portion der Edamame bestellen, als Snack zum Bier oder sonstigen Getränken, mit Freunden zusammen essen, trinken und sich unterhalten!

Im Oktober in Hangzhou blüht der süß duftende Osmanthus-Baum. Der Duft der Blüten schwebt in der ganzen Stadt. Frische Edamame stapeln sich wie ein Hügel auf dem Gemüsemarkt. Die Leute nehmen eine Tüte frischer Bohnen mit nach Hause, um sie nach ihrem eigenen Geschmack zuzubereiten. In China Edamame zu essen, zu Hause oder im Restaurant, hat mit Entschleunigung zu tun. Man knabbert die Bohnen aus der Schale, legt die Schoten zur Seite, unterhält sich mit seinem Tischnachbarn und trinkt ein bisschen Tee und kommt langsam zur Ruhe. Körper und Geist entspannen, der Appetit wird angeregt!

Edamame ohne Schale tiefgefroren findet man auch im Asienladen. Jetzt kommen zwei Rezepte, bei denen es nichts zu knabbern gibt.
(Seiten: 40-43)

40

GEBRATENE EDAMAME-BOHNEN

ZUTATEN
120 g tiefgekühlte Edamame-Bohnen
(aus dem Asienladen)
1 Stück Ingwer (ca. 3cm)
1 EL Sojasauce
1/2 Salz
1 TL Zucker
1/2 EL Öl

2 PERSONEN
ZUBEREITUNGSZEIT: 15 MIN

ZUBEREITUNG
Ingwer schälen und fein hacken. Öl in einer Pfanne erhitzen, tiefgekühlte Edamame-Bohnen darin 3 Min anbraten. Ingwer, Sojasauce und Zucker dazugeben, weiter 3 Min braten. Mit 150 ml heißem Wasser ablöschen und köcheln lassen. Zum Schluss mit etwas Salz abschmecken und mit Paprika anrichten, heiß mit gekochtem Reis servieren.

EDAMAME-PASTE MIT NÜSSEN
(SÜSS)

2 PERSONEN
ZUBEREITUNGSZEIT: 35 MIN

ZUBEREITUNG

Öl und Sherry in 500 ml kochendes Wasser geben, tiefgekühlte Edamame-Bohnen vorsichtig hinzufügen und ca. 10 Min bei mittlerer Hitze weichkochen. Die Bohnen unter kaltem Wasser abschrecken und die Schalen entfernen. Mit 100 ml Wasser und Zucker in einen Mixer geben oder mit dem Pürierstab fein pürieren. Anschließend den Bohnenbrei durch ein feines Sieb passieren. 2 TL Butter in eine beschichtete Pfanne geben und den passierten Edamame-Bohnenbrei dazugeben, bei mittlerer Hitze unter ständigem Rühren ca. 15 Min köcheln, bis der Brei fein sämig wird.

Anschließend die Paste in 2 Formen füllen, mit Klarsichtfolie abdecken und kaltstellen. Zum Servieren die Bohnenpaste auf die Teller stürzen und mit Körnern und Rosinen bestreuen und je nach Geschmack mit Ahornsirup übergießen.

ZUTATEN
200 g tiefgekühlte Edamame-Bohnen
(aus dem Asienladen)
2 EL geröstete Körner,
(Pinien-, Kürbis-, Sonnenblumenkörner)
1 EL Rosinen
oder Cranberries oder getrocknete Pflaumen
1/2 TL Öl
1 TL Sherry oder Cognac
60 g feiner Zucker
110 ml Wasser
2 TL Butter
2 EL Ahornsirup

An einem dunklen und trockenen Platz gelagert können luftdicht verpackte Sojabohnen mindestens 2-3 Jahre aufbewahrt werden.

SOJABOHNEN

Sojabohnen können Sie inzwischen im Supermarkt, sowieso in Bio-Läden und auch bei Bio-Bauernhöfen bekommen bzw. bestellen.

Die Bohne ist nicht nur Rohstoff und Grundlage aller bekannten Sojaprodukte, sie lässt sich auch pur zu köstlichen Salaten, Snacks und Beilagen zubereiten.

Sie werden immer Erfolg haben und können sich über die vielfältigen Genüsse freuen, wenn Sie die nachfolgend beschriebene Anleitung zur Vorbereitung „WAWEISPÜ" beherzigen! Sie werden sehen, es geht ganz leicht und wird Ihnen schnell zur Routine werden.

„WAWEISPÜ"
IN DREI SCHRITTEN ZUR PERFEKTEN VORBEREITUNG

Ob die Bohnen anschließend gekocht, gebraten oder frittiert werden, vorher immer „WaWeiSpü".

46

WA = WASCHEN

Die Bohnen in ein grobes Sieb geben und gründlich mit kaltem Wasser abspülen, um auch den letzten Staub zu entfernen.

WEI = EINWEICHEN

Die Bohnen über Nacht einweichen, am besten mit doppelter Menge Wasser, sodass sie etwa zwei Finger bedeckt sind. Das Wasser wird von den Bohnen über Nacht größtenteils aufgenommen, sie erreichen etwa die doppelte Größe. Damit sind sie „satt".

SPÜ = SPÜLEN

Sind die Bohnen „satt", das restliche Einweichwasser weggießen und noch mal gründlich spülen, dadurch wird eine zu starke Schaumbildung bei der Zubereitung verhindert. Außerdem werden die Bohnen dadurch wesentlich bekömmlicher. Jetzt kann es losgehen!

48

SOJABOHNEN PUR GENIESSEN

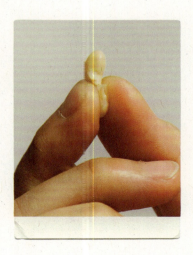

ZUTATEN
80 g trockene Sojabohnen
2 Sternanis
1 TL Salz

2 PERSONEN
ZUBEREITUNGSZEIT: 35 MIN

ZUBEREITUNG
Bohnen waschen, einweichen und spülen *(WaWeiSpü, Seiten: 46-47)*. Die eingeweichten Bohnen mit reichlich kaltem Wasser *(mind. 800 ml)* in einen großen Topf geben und bei geschlossenem Deckel zum Kochen bringen. Sternanis und Salz ins Kochwasser geben. Bei offenem Topf den restlichen Schaum mit dem Schaumlöffel abschöpfen, die Hitze zurücknehmen und bei leicht geöffnetem Deckel ca. 35 Min köcheln lassen, bis die Bohnen weich werden. Heiß oder kalt servieren.

51

ALLES IST MÖGLICH

Das Leben ist reich und bunt.
Die Bohne lässt sich mit fast allem kombinieren.

MIT SPINAT-SALAT UND SESAMSAUCE

2 PERSONEN
ZUBEREITUNGSZEIT: 10 MIN

ZUBEREITUNG

Spinat waschen und portionsweise in kochendem Wasser ca. 5 Sekunden blanchieren und anschließend in kaltem Wasser, am besten in Eiswasser, abschrecken und ausdrücken, so bleibt die grüne Farbe erhalten. Die in kleine Würfel geschnittene Paprika mit dem Spinat in eine Schüssel geben, mit Salz und Zucker und geröstetem Sesamöl und Chili-Öl gut mischen, anschließend in einem Dessertring auf dem Teller platzieren und den Salat in den Ring einfüllen und leicht andrücken. Sie können den Salat auch in kleine Schälchen füllen und auf den Teller stürzen.

Sesamsoße:
2 EL Sesampaste in 4 EL Wasser gut verrühren und nach Bedarf mit wenig Salz und Chili-Öl abschmecken. Sesamkörner kurz in einer beschichteten Pfanne ohne Fett rösten und über den Salat geben.

TIPP:
Statt Spinat lassen sich auch Blatt- und Pflücksalate oder Sommergemüse in beliebigen Varianten verwenden. Der Phantasie sind keinen Grenzen gesetzt. Auch die Dressings lassen sich variieren.

ZUTATEN
100 g gekochte Sojabohnen
(Grundrezept für die Sojabohnen Seiten: 48-49)
250 g Blattspinat
(am besten frisch, aber gefroren geht auch)
1 halbe gelbe und 1 halbe rote Paprika
1 EL geröstetes Sesamöl
(aromatisches und dunkles Sesamöl, im Asia-Shop)
2 EL Sesampaste
1/2 TL Salz
1 TL Chili-Öl *(kann weggelassen werden)*
1 EL geröstete Sesamkörner
1 TL brauner Zucker, am besten Bio-Rohrzucker

MIT KOMBU-ALGEN-SALTAT
(GETROCKNETER SEETANG-SALAT)

2 PERSONEN
ZUBEREITUNGSZEIT: 35 MIN

ZUTATEN

100 g gekochte Sojabohnen
(Grundrezept für die Sojabohnen Seiten: 48-49)
18 g getrockneter Seetang *(im Asienladen)*
1/4 Stück gelbe oder rote Paprika
1 kleines Bund frischer Koriander
1 Knoblauchzehe
1/2 TL Salz
1 EL Apfelessig oder Balsamico
1 EL brauner Zucker
1 TL Chili-Öl *(kann man weglassen)*
1 EL geröstetes Sesamöl
(geröstetes Sesamöl ist aromatischer und dunkler)
1 EL geröstete Sesamkörner
1 EL Balsamico-Crema

ZUBEREITUNG

Getrockneten Seetang waschen und in kaltem Wasser ca. 5 Min einweichen. Das Einweichwasser abschütten. Den eingeweichten Seetang mit frischem kalten Wasser *(bedeckt)* in einen Topf geben und bei geschlossenem Deckel zum Kochen bringen. Kurz aufkochen lassen, bei kleiner Hitze bei geschlossenem Deckel 15 Min köcheln lassen, anschließend herausnehmen und nach dem Abkühlen in feine Streifen schneiden. Die Knoblauchzehe fein hacken, rote oder gelbe Paprika in Streifen schneiden, den frischen Koriander fein hacken und mit Algen, Salz, Zucker, Essig und Sesamöl gut mischen. Anschließend die gerösteten Sesamkörner darüberstreuen. Mit Balsamico-Crema verzieren.

REZEPTVARIANTEN

56

GEKOCHTE SOJABOHNEN
Mit Wald- und Wiesensalat

GEKOCHTE SOJABOHNEN
Mit Gurke, Tomate und Kohlrabi-Salat

GEKOCHTE SOJABOHNEN
Mit Brokkoli, Rettich und roter, gelber Paprika-Salat

MIT NATURREIS

REIS & SOJABOHNEN: EIN IDEALES PAAR!

2 PERSONEN
ZUBEREITUNGSZEIT: 35 MIN

ZUTATEN
(als Beilage)
20 g trockene Sojabohnen
80 g Naturreis
100 g Wasser

ZUBEREITUNG
Sojabohnen „WaWeiSpü" *(Seiten: 46-47)*. Naturreis spülen, zusammen mit den Bohnen und Wasser in einen Topf geben, kurz aufkochen und bei schwacher Hitze und geschlossenem Deckel ca. 30-35 Min köcheln lassen.

TIPP:
Sojabohnen und Naturreis gehören zu den traditionellen Grundnahrungsmitteln in China. In Kombination bieten sie dem menschlichen Organismus genau das richtige Verhältnis lebensnotwendiger Aminosäuren zum Aufbau vollwertiger Proteine.

SÜßE BOHNEN
Seiten: 62-67

WÜRZIGE BOHNEN
Seiten: 68-73

KNUSPRIGE BOHNEN
BACKOFENVARIANTE
FRITTIERTE VARIANTE
Seiten: 74-83

SAURE BOHNEN
Seiten: 84-91

Kap. **4**

VIER
ZUBEREITUNGSARTEN
DER SOJABOHNE

SÜß

64

SÜßE BOHNEN

2 PERSONEN
ZUBEREITUNGSZEIT: 35 MIN

ZUTATEN
80 g trockene Sojabohnen
700 ml Wasser
4 EL brauner Zucker
1 TL geröstetes Sesamöl
1 EL geröstete Sesamkörner

ZUBEREITUNG
Sojabohnen „WaWeiSpü" *(Seiten: 46-47).*
Die Bohnen mit kaltem Wasser in einen Topf geben und bei geschlossenem Deckel zum Kochen bringen. Die Hitze zurücknehmen, Deckel leicht öffnen, damit Wasser verdampfen kann, bei geringer Hitze ca. 30 Min köcheln lassen. Dann den Zucker dazugeben und ohne Deckel weiter unter ständigem Rühren zu einem Sirup einkochen. Zum Schluss die gerösteten Sesamkörner und das Sesamöl dazugeben.

TIPP:
Die süßen Bohnen passen sehr gut zu Joghurt, Obst, Quark, Müsli usw. kalt oder warm. Sie halten im Kühlschrank ca. 1 Woche.

REZEPTVARIANTEN

SÜßE BOHNEN
Mit Heidelbeeren und frischer Minze lassen sich Joghurt- und Quarkspeisen herrlich verfeinern.

SÜßE BOHNEN
Mit Mango, Rucola, Tomaten-Salat

SÜßE BOHNEN
und Erdbeeren mögen sich sehr.

WÜRZIG

───────────────────────────────

70

WÜRZIGE BOHNEN

71

2 PERSONEN
ZUBEREITUNGSZEIT: 35 MIN

ZUTATEN
75 g trockene Sojabohnen
25 g Kandis
3 EL Sojasauce hell
1 EL Sojasauce dunkel
2 getrocknete Chili-Schoten *(nach Bedarf)*
2 Sternanis
550 ml Wasser zum Kochen

ZUBEREITUNG
Sojabohnen „WaWeiSpü" *(Seiten: 46-47)*.
Alle Zutaten in einen Topf geben, Wasser hinzugeben und zum Kochen bringen, bei kleiner Hitze ca. 30-35 Min köcheln lassen. Zum Schluss unter ständigem Rühren zu einem Sirup verrühren.

TIPP:
Die Bohnen können warm oder kalt, pur oder als Beilagen gegessen werden und halten im Kühlschrank ca. 1 Woche.

REZEPTVARIANTEN

WÜRZIGE SOJABOHNEN
als Brotbelag auf einer Scheibe Brot – schnell,
einfach, lecker und nahrhaft!

WÜRZIGE SOJABOHNEN
auf Blumenkohl-Püree

73

WÜRZIGE SOJABOHNEN
auf frisch gekochtem Reis

74 ────────────

KNUSPRIG

75

76

KNUSPRIGE BOHNEN
(BACKOFENVARIANTE)
Fettfrei und sehr lecker!!!

2 PERSONEN
ZUBEREITUNGSZEIT: 35 MIN

ZUTATEN
200 g trockene Sojabohnen
1 TL Salz

ZUBEREITUNG
Sojabohnen „WaWeiSpü" *(Seiten: 46-47)*. Die Bohnen auf einem Backblech mit Backpapier gleichmäßig verteilen, so dass sie nicht übereinander liegen. Bei 180 Grad Ober-/Unterhitze (160 Grad Umluft) für ca. 30-35 Min backen. Zwischendurch 1-2 mal etwas umschichten, bis die Böhnchen rundum eine gold-braune Farbe annehmen. Anschließend abkühlen lassen, mit Salz (ganz wenig, am besten ohne) und Pfeffer nach Geschmack würzen. Eine herrliche gesunde Alternative zu den üblichen Dickmachern Chips und Schokolade.

TIPP:
Geröstete Sojabohnen halten sich luftdicht verschlossen ca. 1 Woche.

78

KNUSPRIG IST ENTSPANNUNG UND HARMONIE PUR!!

───────────

80

KNUSPRIGE BOHNEN
(FRITTIERTE VARIANTE)

ZUTATEN
200 g trockene Sojabohnen
Frittier-Öl

2 PERSONEN
ZUBEREITUNGSZEIT: 35 MIN

ZUBEREITUNG
Sojabohnen „WaWeiSpü" *(Seiten: 46-47)*.
Öl in einem Topf erhitzen (nicht zu heiß) und die Bohnen dazugeben, ca. 30-35 Min frittieren, bis die Bohnen ein wenig geschrumpft sind und leicht bräunlich werden, herausnehmen und auf Küchenpapier abtropfen lassen. Mit etwas Salz oder Zucker oder einer beliebigen trockenen Kräutermischung würzen. Bohnen abkühlen lassen.
Herrlich knusprig und geschmackvoll!

TIPP:
In einem geschlossenen Glas kann man die Bohnen bei Zimmertemperatur 5 Tage aufbewahren.

REZEPTVARIANTEN

KNUSPRIGE BOHNEN
Mit Karotten-Salat

2 PERSONEN
ZUBEREITUNGSZEIT: 10 MIN

ZUTATEN
2 Karotten
1 EL geröstetes Sesamöl
1 TL Salz
1 TL Zucker
1 EL Essig
1 EL Olivenöl/geröstetes Sesamöl

ZUBEREITUNG
Karotten waschen, schälen und in feine Streifen schneiden. Sesamöl, Salz, Zucker und Olivenöl dazugeben, alles gut mischen, zum Schluss die frittierten Sojabohnen dazugeben.

KNUSPRIGE BOHNEN
mit Kürbissuppe

83

KNUSPRIGE BOHNEN
auf einem würzigen Kartoffelsalat,
ein herlicher Genuss!

84 _____

SAUER

——————————————— 85

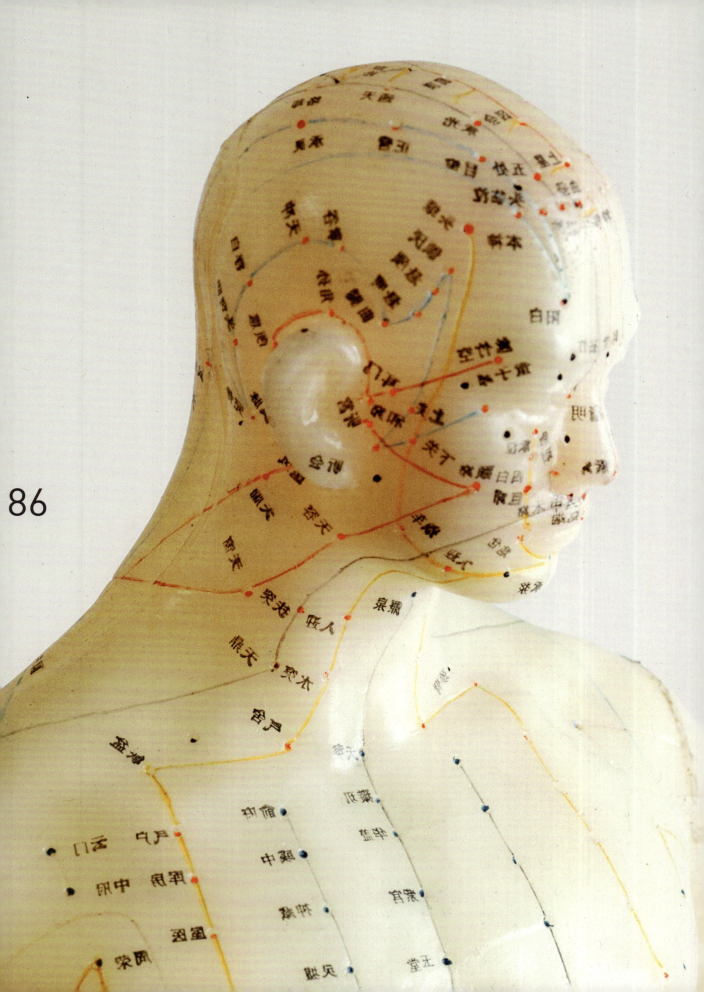

SAURE BOHNEN

87

Der alten chinesischen Medizin zufolge
sind die in Essig eingelegten Sojabohnen sehr beliebt und verbreitet.
Dieses Hausmittel soll den Blutdruck senken und beim Abnehmen
und bei Verstopfung helfen, wenn man täglich 10 saure Bohnen
und über einen längeren Zeitraum isst.

ZUTATEN
200 g Sojabohnen
ca. 300 ml Essig *(z.B. Balsamessig, Apfelessig, Reisessig...)*

EINLEGEZEIT: 7 TAGE

ZUBEREITUNG

Achtung! Keine Regel ohne Ausnahme! Bohnen hier nicht einweichen, nur waschen und abtrocknen. Die Bohnen auf einem Backblech mit Backpapier verteilen, so dass sie nicht übereinander liegen. Bei Ober-/Unterhitze 150 Grad *(Umluft 120 Grad)* für ca. 30 Min backen, zwischendurch einige Male umschichten. Danach die Bohnen abkühlen lassen und in ein sauberes Drahtbügelglas oder Einmachglas zur Hälfte einfüllen, mit Essig aufgießen. Die Bohnen sollten bedeckt und das Glas luftdicht verschlossen sein. Das verschlossene Glas bei Zimmertemperatur ca. 7 Tage stehen lassen, danach können die Bohnen verzehrt werden. Nach dem Öffnen im Kühlschrank aufbewahren.

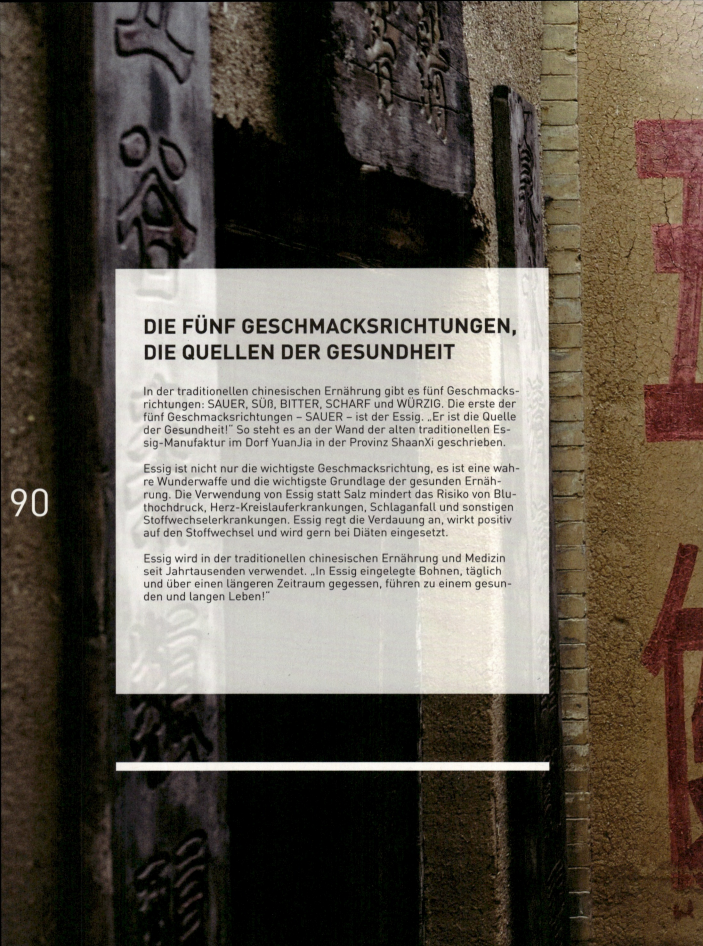

DIE FÜNF GESCHMACKSRICHTUNGEN, DIE QUELLEN DER GESUNDHEIT

In der traditionellen chinesischen Ernährung gibt es fünf Geschmacksrichtungen: SAUER, SÜß, BITTER, SCHARF und WÜRZIG. Die erste der fünf Geschmacksrichtungen – SAUER – ist der Essig. „Er ist die Quelle der Gesundheit!" So steht es an der Wand der alten traditionellen Essig-Manufaktur im Dorf YuanJia in der Provinz ShaanXi geschrieben.

Essig ist nicht nur die wichtigste Geschmacksrichtung, es ist eine wahre Wunderwaffe und die wichtigste Grundlage der gesunden Ernährung. Die Verwendung von Essig statt Salz mindert das Risiko von Bluthochdruck, Herz-Kreislauferkrankungen, Schlaganfall und sonstigen Stoffwechselerkrankungen. Essig regt die Verdauung an, wirkt positiv auf den Stoffwechsel und wird gern bei Diäten eingesetzt.

Essig wird in der traditionellen chinesischen Ernährung und Medizin seit Jahrtausenden verwendet. „In Essig eingelegte Bohnen, täglich und über einen längeren Zeitraum gegessen, führen zu einem gesunden und langen Leben!"

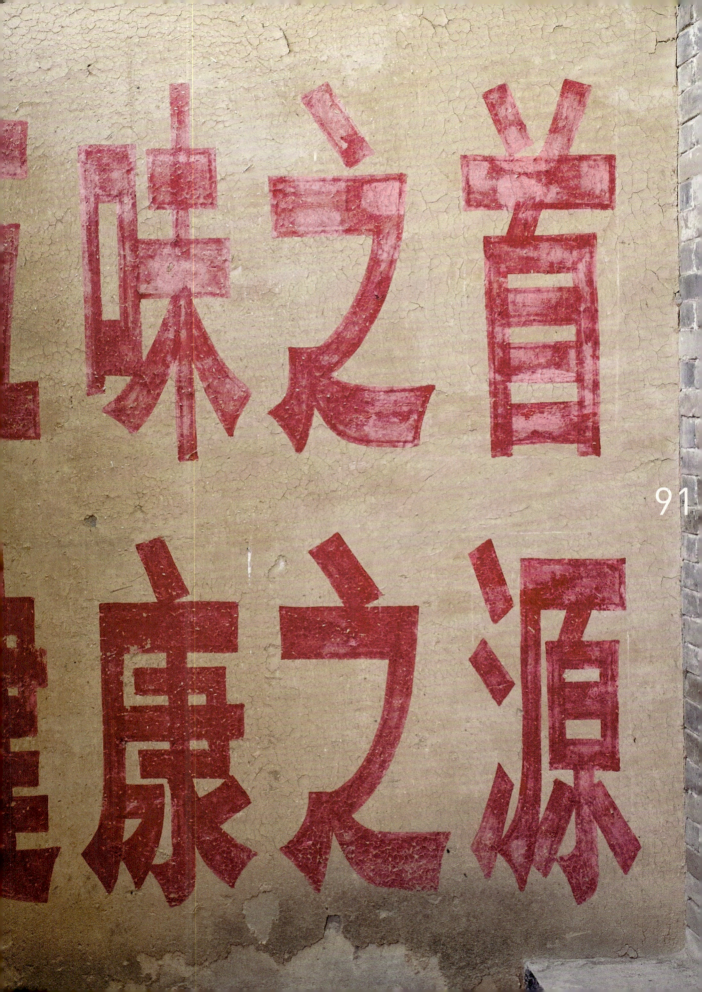

DIE BEKANNTESTEN SOJAPRODUKTE
Seiten: 94-97

VON DER BOHNE ZUM MEHL
Seiten: 98-105

VON DER BOHNE ZUM TOFU
Seiten: 106-165

VON DER BOHNE ZUR SOJAMILCH
Seiten: 166-175

Kap. 5

SOJAPRODUKTE

DIE BEKANNTESTEN SOJAPRODUKTE

Unfermentierte Sojaprodukte: Sojasprossen, Sojamehl, Tofu-Blätter, getrocknete Tofu-Stangen, Soja-Getränke, Naturtofu, Seidentofu, geräucherter Tofu, Aromatofu. Fermentierte Sojaprodukte: Tempeh, rot eingelegter Tofu, Sojasauce, süße und nicht süße Sojabohnenpasten.

SOJASPROSSEN

Keime aus der richtigen Sojabohne, nicht die üblichen Sprossen aus Mungbohnen, gibt es inzwischen auch in Asienläden zu kaufen. Die echten Sojasprossen sind größer und fester im Biss. Der Eiweißgehalt ist etwa vier Mal höher als der von Mungbohnen. Sojasprossen darf man nicht roh verzehren. Sie werden idealerweise gebraten oder zu Suppe verarbeitet.

SOJAMEHL

Die Sojabohnen werden erhitzt, geschrotet und fein vermahlen. Das Sojamehl behält dabei seinen vollen Fettgehalt und ist eine wertvolle Ballaststoff- und Eiweißquelle. Das Sojamehl dient beim Backen als gutes Bindemittel und kann somit auch tierisches Eiweiß aus Eiern ersetzen. Geröstetes Sojamehl wird in Asien viel für Süßspeisen verwendet.

(Rezepte Seiten: 100-105)

TOFU-BLÄTTER

Das Tofu-Blatt ist eine Haut, die sich durch Kochen wie ein natürlicher Ölfilm auf der Oberfläche der Sojamilch bildet. Abgeschöpft lässt sie sich unter anderem braten und kochen.

GETROCKNETE TOFU-STANGEN

Getrocknete Tofu-Stangen sind zu Stangen gerollte Tofu-Blätter. Vor der Zubereitung werden die Stangen in Wasser eingeweicht und dann gekocht oder gebraten.

SOJAMILCH

Die eingeweichten Sojabohnen werden mit Wasser zu einem Püree vermahlen. Nach dem Aufkochen wird das abgekühlte Püree filtriert, dadurch entsteht die Sojamilch (hat mit Kuhmilch aber nichts zu tun)! Die Milch kann einfach getrunken oder für die Zubereitung der verschiedenen Gerichte benutzt werden.

(Rezepte Seiten: 168-175)

TOFU

Die Sojamilch wird durch natürliche Gerinnungsmittel (Magnesiumchlorid oder Kalziumsulfat) zum Stocken gebracht und das ausgeflockte Sojaeiweiß zu Blöcken gepresst. Je nach Herstellungsart und Konsistenz unterscheidet man verschiedene Arten von Tofu. Es gibt z.B. NATURTOFU, SEIDENTOFU und RÄUCHERTOFU...

(Rezepte Seiten: 118-165)

TEMPEH

Für die Herstellung des Tempeh werden Sojabohnen in Wasser eingeweicht. Die gequollenen Bohnen werden aufgekocht und mit der Edelschimmelpilzkultur Rhizopus Oligosporus geimpft. Luftdicht verschlossen reift die Masse etwas über einen Tag bei rund 30° Celsius in einer Wärmekammer. Tempeh kann gebraten, gegrillt oder frittiert werden. Da Tempeh einen neutralen Geschmack hat, sollte er bei der Vorbereitung ausreichend mariniert und gewürzt werden.

ROTER EINGELEGTER TOFU

Wird aus Tofu-Würfeln hergestellt, die durch Bakterien vergoren und in Salzwasser, Reiswein und verschiedenen Gewürzen eingelegt werden. In China wird eingelegter Tofu oft als Beilage mit gedämpften Knödeln serviert und für Saucen und Gerichte verwendet.

SOJASAUCE

Sojasauce wird aus Sojabohnen, Wasser und Salz hergestellt und ist zum Würzen und Verfeinern von Speisen geeignet. Die helle Sojasauce wird im Allgemeinen zum Dippen für kalte Speisen oder beim Kochen verwendet, die dunkle Sojasauce wird normalerweise zum Färben eines Schmorgerichtes verwendet.

SOJABOHNENPASTE

Sojabohnenpaste ist eine fermentierte Paste, die aus Sojabohnen, Salz und Wasser hergestellt wird. Sie hat eine dickflüssige Konsistenz und wird hauptsächlich in der Pekingküche, aber auch in anderen Küchen Nordchinas verwendet. Diese Paste hat einen salzigen Geschmack und kann zum Kochen einer Vielzahl von Gerichten verwendet werden.

SOJABOHNENPASTE
MIT SICHTBAREN BOHNENSTÜCKEN

Diese Paste unterscheidet sich von den anderen Sojabohnenpasten dadurch, dass sie etwas flüssiger ist und noch viele Bohnenstücke zu sehen sind. Gibt man einen Teelöffel Paste zum Beispiel in einen Gemüseeintopf, auf Grillgemüse oder Tofu, verbessert das den Geschmack.

SÜSSE SOJABOHNENPASTE

Auch bekannt als süße Mehlsauce, wird hauptsächlich aus fermentiertem Weizenmehl und Sojabohnen hergestellt. Diese Paste besitzt einen unverkennbaren süßen Geschmack und wird oft als wichtige Zutat beim Kochen verwendet.

Sojabohnen und andere Hülsenfrüchte

Getrocknete Tofu-Stangen

Tofu-Blätter

Gekochte Sojabohnen

Seiden-Tofu-Suppe

Natur-Tofu

Geräucherter Tofu und Aroma-Tofu

Tofu Si *(gepresst und in Streifen geschnitten)*

DIE VIELFALT DER SOJAPRODUKTE AUF DEM GEMÜSEMARKT IN CHINA

Ein Kind löffelt Sojamilch auf dem Gemüsemarkt in Xi'an.

GERÖSTETES SOJAMEHL
Seiten: 100-101

**RAINDROP-CAKE
MIT GERÖSTETEM SOJAMEHL**
Seiten: 102-103

**BANANENEIS MIT GERÖSTETEM SOJAMEHL
OHNE EISMASCHINE**
Seiten: 104-105

VON DER BOHNE ZUM MEHL

Die Sojabohnen werden erhitzt, geschrotet und fein vermahlen, die wertvollen Inhaltsstoffe bleiben erhalten. Beim Backen ist es ein gutes Bindemittel und kann tierisches Eiweiß aus Eiern ersetzen. Das Sojamehl kann natürlich auch selbst gemacht werden, ist aber auch häufig in Bio-Supermärkten oder normalen Supermärkten in Bio-Qualität zu bekommen.

Das Sojamehl pur

Das geröstete und gesüßte Sojamehl

GERÖSTETES SOJAMEHL
(SÜSS)

ZUBEREITUNGSZEIT: 10 MIN

ZUBEREITUNG

Das geröstete Sojamehl kann sehr gut für Süßspeisen verwendet werden. Das gekaufte Sojamehl im Backofen bei 160 Grad für ca. 10 Min rösten und zwischendurch 1-2 Mal etwas umschichten, bis das Mehl eine braune Farbe annimmt, und anschließend abkühlen lassen und mit Zucker gut mischen (z.B. 5 EL geröstetes Sojamehl mit 1 El Zucker).

Tipp:
In einem geschlossenen Glass lässt sich das geröstete Sojamehl (süß) bei Zimmertemperatur 21 Tage aufbewahren.

RAINDROP-CAKE MIT GERÖSTETEM SOJAMEHL

2 PERSONEN
ZUBEREITUNGSZEIT: 10 MIN
KÜHLZEIT: 1 STUNDE

ZUTATEN
4 EL geröstetes Sojamehl
(Rezept Seiten: 100-101)
2 EL Kokosblütensirup
2 TL Agar-Agar-Geliermittel
250 g Wasser
1 EL Zucker

ZUBEREITUNG
Agar-Agar-Geliermittel mit Zucker in kaltem Wasser auflösen, kurz aufkochen und bei kleiner Hitze 2 Min köcheln lassen. Anschließend in kleine Schüsselchen oder halbkugelförmige Formen füllen und im Kühlschrank für 1 Stunde fest werden lassen. Den Raindrop-Cake aus dem Kühlschrank nehmen, auf einen Teller stürzen und mit geröstetem Sojamehl und Kokosblütensirup servieren.

BANANENEIS MIT GERÖSTETEM SOJAMEHL OHNE EISMASCHINE

2 PERSONEN
ZUBEREITUNGSZEIT: 10 MIN
RUHEZEIT: 3-4 STUNDEN

ZUTATEN
3-4 mittelgroße gefrorene Bananen
(Die Bananen schälen und in Stücke schneiden und im Tiefkühlfach mind. 2-3 Stunden einfrieren)
45 g geröstetes und gesüßtes Sojamehl
(Rezept Seiten: 100-101)
100 g Sojamilch pur
35 g gehackte Schokolade
1/2 TL Ceylon-Zimt *(echter Zimt)*

ZUBEREITUNG
Alle Zutaten im Mixer pürieren, gegebenenfalls noch etwas Sojagetränk zufügen. Mit dem Eislöffel die pürierten Bananen in Kugelform mit gerösteten Sojabohnen und Schokopulver verzieren und sofort servieren.

TOFU-HERSTELLUNG ZUHAUSE
Seiten: 108-115

DIE BEKANNTESTEN TOFUSORTEN
NATURTOFU   SEIDENTOFU   RÄUCHERTOFU
Seiten: 118-119

GEHEIMTIPP: NATURTOFU BLANCHIEREN
Seiten: 122-123

TOFU MIT GEBRATENEM CHINAKOHL
Seiten: 124-127

GONGBAO-TOFU
Seiten: 128-129

LAUWARMER NATURTOFU
Seiten: 130-131

GUOTA-TOFU
Seiten: 132-133

KNUSPRIGER TOFU
MIT ROTER SAUCE UND KRÄUTERN
Seiten : 134-135

GEFRORENER TOFU –
„VIEL-GLÜCK-TOFU"
Seiten: 140-141

GEFRORENER TOFU
MIT SAUERKRAUT UND REISNUDELN
Seiten: 142-143

SEIDENTOFUSUPPE
Seiten: 148-151

GEDÄMPFTER SEIDENTOFU
MIT HOKKAIDO-KÜRBIS
Seiten: 152-153

RÄUCHERTOFU
MIT GEBRATENEN ROTEN ZWIEBELN
Seiten: 156-157

RÄUCHERTOFU
MIT GEBRATENEM STANGENSELLERIE
Seiten: 158-159

RÄUCHERTOFU
MIT GEBRATENEN ZUCKERSCHOTEN
Seiten: 162-163

VON DER BOHNE ZUM TOFU

**KANN MAN ZU HAUSE TOFU SELBST MACHEN?
DIE ANTWORT LAUTET: KEIN PROBLEM!**

Tofu zu Hause selbst zu machen ist nicht schwer. Sie müssen keine speziellen Küchengeräte und Zutaten anschaffen. Außerdem sparen Sie Verpackungen und Transportwege. Dafür müssen Sie etwas Zeit und Geduld aufbringen und üben – Übung macht den Meister, gilt auch für die Tofu-Herstellung. Ihre Küche zu Hause dient dabei als Werkstatt. Sojabohnen, Wasser, Luft und Schwerkraft – mehr braucht es nicht. Durch Ihre eigenen Hände bewegt, vermengt, verrührt, erleben Sie, wie aus den Sojabohnen schließlich ein herrlich weißer Tofu wird. Der Prozess ist wie eine Meditation, Körper und Geist können sich erholen. Die Kosten für einen selbstgemachten Tofu betragen nur wenige Euro. Aber manchmal muss es schneller gehen. Zum Glück kann man inzwischen guten Tofu auch in Bio-Qualität in Supermärkten, Bio- und Asienläden kaufen. Achten Sie auf die folgenden Punkte beim Einkaufen:

* Die Sojabohnen stammen aus kontrolliert biologischem Anbau und sind frei von Gentechnik.

* Bevor Sie sich auf einen Tofu-Hersteller festlegen, sollten Sie also ruhig mehrere Sorten probieren. Die Konsistenz ist schnittfest und die Struktur seidig. Für die Rezepte in diesem Buch passt feiner und weicher Tofu besser.

* Besser gekühlten Tofu kaufen und auf die Haltbarkeit achten – je länger die Haltbarkeit, desto frischer ist das Produkt.

* Tofu eingefroren hält sich in der Regel circa 5 bis 6 Monate im Gefrierfach. Die Konsistenz des Tofus verändert sich durch das Einfrieren, aber schmeckt mit diesen Rezepten besonders lecker.
(Rezepte Seiten: 138-143)

* Bei Tofu-Fertigprodukten sollte man besonders auf Salz-, Zucker- und Fettgehalt und andere Zusätze achten. Wer kein oder wenig Fleisch essen will, sollte auf frische Lebensmittel und kreative Zubereitung setzen, dabei helfen Ihnen die leckeren Rezepte dieses Buches.

DIE ZUTATEN UND AUSRÜSTUNG ZUR TOFU-HERSTELLUNG ZU HAUSE

ZUTATEN FÜR
556 g TOFU

300 g Sojabohnen
3 Ltr Wasser
180 g Essigwasser
(30 g Essig, 5%, + 150 g Wasser)
1 Standmixer
1 Schaumlöffel
1 Suppenlöffel
1 Küchensieb

1 Abtropfsieb
1 Topf (4 Ltr)
1 Passiertuch oder Mulltuch
1 Gewicht *(z.B. ein Topf mit Wasser gefüllt)*
1 Topf zum Auffangen der Flüssigkeit
(z.B. einen Bräter)
1 Grillrost
1 Küchen-Thermometer

109

1

Die eingeweichten Bohnen *(Seiten: 46-47)* und 3 Ltr Waser in einen Mixer geben und fein pürieren.

2

Standmixer schaffen größere Mengen nicht auf einmal. Gemäß dem Bohnen- und Wasserverhältnis 1:4 kann man diesen Vorgang nacheinander durchführen.

3

Das Sojabohnen-Püree in einen großen Topf geben.

4

Mit einem Schaumlöffel den Schaum abschöpfen.

5

Sieb in eine Schüssel hängen.

6

Ein Passiertuch auf das Sieb legen.

7
Die pürierte Masse durchsieben.

8
Die pürierte Masse hat nur noch wenig Flüssigkeit.

9
Die Masse im Passiertuch wringen, um möglichst viel Flüssigkeit herauszudrücken.

10
Die Masse, die übrig bleibt, nennt man OKARA. Sie ist reich an Ballasttoffen, Stärke, vollwertigem Einweiß und gut resorbierbarem Eisen. Man kann Okara auch in Brätlinge mischen oder damit Kekse backen.

11
DIE SELBST GEMACHTE SOJAMILCH IST NUN IM TOPF!!
(Vor dem Verzehr sollte die rohe Sojamilch erhitzt werden.)

12
WEITER GEHT'S IN RICHTUNG TOFU.

13
Die Milch langsam unter ständigem Rühren erhitzen und ca.15 Min köcheln lassen.

14
Ab und zu umrühren, evtl. Schaum abschöpfen.

15
Wenn die Sojamilch aufgekocht ist, Hitze abschalten.

16
Die Milch auf etwa 85 °C abkühlen lassen.

17
Mit dem Suppenlöffel das Essigwasser nach und nach langsam einrühren.

18
Die Sojamilch wird dadurch ausgeflockt.

19
Nach dem kompletten Ausflocken Deckel auflegen und den Brei 5 Min ziehen lassen, dabei nicht mehr umrühren.

Tofuform vorbereiten!
Ein Passiertuch auf das Sieb legen, das Sieb auf den Grill stellen. Der Behälter darunter fängt die Flüssigkeit auf.

20
Nun den Brei in das Tuch geben.

21
Der ausgeflockte Brei in der Tofuform.

22
Die Tofuform zudecken.

23
Einen Topf voll Wasser (ca. 2,6 Kilo) als Gewicht ca. 3 Min auf die Tofuform stellen.

24
Bei geringerem Gewicht etwas länger.

25
Gewicht abnehmen, das Passiertuch öffnen und prüfen, ob der Tofu den passenden Härtegrad erreicht hat. Wenn nötig, etwas nachpressen.

26
Die Tofuform auf ein Brett stürzen.

27
Vorsichtig das Passiertuch abziehen.

28
HURRA, da ist er, DER ERSTE SELBST GEMACHTE TOFU!

300 g Sojabohnen ergeben 3 Ltr Sojamilch, ca. 550 g Tofu und ca. 360 g Okara.

Am besten schmeckt der frisch zubereitete Tofu natürlich, wenn er noch am selben Tag verzehrt wird.
In Wasser schwimmend ist er in einer Tupperschale bis zu einer Woche im Kühlschrank haltbar. Das Wasser sollte täglich gewechselt werden.

WEISSE, WEICHE SACHEN... ICH NASCHTE EIN KLEINES STÜCK DAVON, ES HATTE KEINEN GE- SCHMACK. ICH WOLLTE ES EIGENT- LICH SCHON AUSSPUCKEN. DAS WAR MEINE ERSTE ERFAH- RUNG MIT TOFU!

Tofu ist das bekannteste Sojaprodukt. Als ich Tofu das erste Mal sah, wurde ich sofort durch seine Farbe und Form angezogen – schneeweiß und weich. Ist er süß, sauer oder wie schmeckt er? Ein Stück probiert, kein Geschmack, seltsam, dieses weiße Ding. Herunterschlucken oder ausspucken...??? Wahrscheinlich ging es so auch den spanischen Missionaren, die im 17. Jahrhundert zum ersten Mal sahen, wie die Chinesen Tofu herstellten: „Sie haben weißen Saft aus kleinen Bohnen extrahiert und unter ständigem Rühren käseförmige Kuchen hergestellt, weiß wie Schnee, schmeckt nach nichts, aber z.B. in Butter gebraten entwickelt sich ein herrliches Aroma." In der Tat, nachdem meine Mutter in der Küche den Tofu verarbeitet hatte, stieg ein leckerer Duft in meine Nase, an den ich mich auch heute noch erinnere und immer mit meinem Zuhause in Verbindung bringe.

117

DIE BEKANNTESTEN TOFUSORTEN
NATURTOFU   SEIDENTOFU   RÄUCHERTOFU

Die Gerinnungsmethoden und Presszeiten in der Herstellung dieser drei Tofus sind unterschiedlich, dadurch werden Konsistenz und Geschmacksrichtung beeinflusst. Somit lässt sich Tofu auf verschiedene und vielfältige Art zubereiten.

NATURTOFU
Beschaffenheit:
mittlerer Feuchtigkeitsgrad, weich
Verwendung: braten, dünsten

REZPTE
Seiten: 122-137

NATURTOFU (GEFRORENER)
Beschaffenheit:
mittlerer Feuchtigkeitsgrad
Verwendung: kochen, braten

NATURTOFU EINFRIEREN
Seiten: 138-139

REZPTE
Seiten: 140-143

SEIDENTOFU
Beschaffenheit:
hoher Feuchtigkeitsgrad, extrem weich und zart, cremig
Verwendung: in Suppen, für Salat und zum Dämpfen

REZPTE
Seiten: 148-153

RÄUCHERTOFU
Beschaffenheit:
geringer Feuchtigkeitsgrad, fest und aromatisch
Verwendung: für Salat, braten

REZPTE
Seiten: 156-165

Tofustand auf einem chinesischen Gemüsemarkt in Xi'an. Das riesige Tofu-Stück von mehr als 60 Kilo ist gegen Mittag schon fast ausverkauft.

GEHEIMTIPP: NATURTOFU BLANCHIEREN

So werden Naturtofu-Gerichte noch leckerer und schöner! Naturtofu sollte vor der Zubereitung in leicht gesalzenem Wasser blanchiert werden, um Bitterstoffe und Bohnengeschmack zu entfernen. Außerdem bricht der blanchierte Tofu später beim Braten und Kochen nicht mehr und schmeckt einfach noch besser.

1
Naturtofu blanchieren:
Tofu in die gewünschte Größe schneiden.

2
Tofustücke in den Topf geben,
Wasser und 1/2 TL Salz hinzufügen.

3
Wasser bis maximal 90° C erhitzen,
wenn kleine Bläschen im Wasser aufsteigen,
Hitze sofort abstellen.

4
Tofustücke rausnehmen.

5
Tofustücke mit frischem Wasser abspülen,
abkühlen und abtropfen lassen.

6
Tofustücke sind nun bereit
für die weitere Zubereitung.

TOFU MIT GEBRATENEM CHINAKOHL

2 PERSONEN
ZUBEREITUNGSZEIT: 25 MIN

ZUBEREITUNG

Tofu in ca. 5 mm dicke Scheiben schneiden, in kochendem Wasser mit 1/2 TL Salz ca. 1 Min kochen (Seiten: 122-123). Chinakohl waschen, die weißen Teile und gelbgrünen Blätter durchschneiden. Die gelben und grünen Teile in größere Stücke schneiden. Die weißen Teile in dünne Scheiben schneiden (siehe Abbildung Seiten: 126-127), damit sie beim Braten schneller gar werden. Frühlingszwiebel waschen und in ca. 2 cm lange Stücke schneiden. Ingwer schälen und fein hacken. 1 EL Öl in einer beschichteten Pfanne erhitzen und die Tofu-Scheiben darin auf beiden Seiten goldbraun anbraten. Frühlingszwiebeln, Chili-Schote und Ingwerstücke dazugeben und kurz anbraten. Anschließend die weißen Teile des Chinakohls hinzufügen, Sojasauce und Zucker dazugeben, ca. 5 Min bei mittlerer Hitze anbraten, zwischendurch einige Male umwenden. Die zarten grünen Blätter des Chinakohls hinzufügen und ca. 2 Min mitbraten. Mit etwas Salz würzen, ein paar Tropfen Sesamöl dazugeben und mit oder ohne Reis warm servieren.

ZUTATEN
200 g Naturtofu
300 g Chinakohl
1 kleines Stück Ingwer
1 trockene Chili-Schote
1 Frühlingszwiebeln
2 EL Öl
1 EL Sojasauce
1 TL geröstetes Sesamöl (aus dem Asienladen)
1/2 TL Salz
1 TL Zucker

126

CHINAKOHL RICHTIG SCHNEIDEN

127

Chinakohl abblättern und waschen. Der Strunk ist härter und sollte ausgespart werden. Zuerst schneidet man die zarten Blätter ab. Diese und die festeren weißen Teile sollten separat behandelt werden. Die zarteren Blätter ganz grob und in große Stücke schneiden und zuletzt in die Pfanne geben. Die weißen Teile mit dem Messer in einem Winkel von etwa 45 Grad (siehe Foto links) in dünne Scheibe schneiden. Dadurch wird der Kohl beim Kochen schneller gar. Vitamine und Nährstoffe werden nicht zerstört und er schmeckt auch knackiger und würziger.

GONGBAO-TOFU

Naturtofu mit Chili, Szechuanpfeffer scharf angebraten, süßsaurer Soße und einer Handvoll Erdnüsse oder Cashewskerne zubereitet.

2 PERSONEN
ZUBEREITUNGSZEIT: 20 MIN

ZUTATEN
200g Naturtofu
4-5 Stück weiße Teile der Frühlingszwiebeln
je 1/4 rote und gelbe Paprikaschoten
4 trockene Chili-Schoten *(im Asia-Shop)*
3 EL Erdnüsse oder Cashewskerne
1 EL Öl
1 TL Szechuanpfefferkörner
1/2 TL Salz

Für Sauce:
1 TL Sojasauce
1 EL Essig
1 EL Rohrzucker
2 TL Speisestärke

ZUBEREITUNG
Tofu in kleine Würfel schneiden, mit Wasser und etwas Salz ca. 1 Min kochen *(Seiten: 122-123)*. Die weißen Teile der Frühlingszwiebeln in ca. 2 cm lange Stücke schneiden, die grünen Teile, fein diagonal zur Garnitur schneiden. Rote und gelbe Paprikaschoten waschen, entkernen und in grobe Würfel schneiden. Sojasauce, Essig, Zucker und Speisestärke in einer Schüssel mischen. Öl in einer beschichteten Pfanne erhitzen, die Tofu-Würfel rundum goldbraun anbraten, anschließend zur Seite stellen. Die Pfanne wieder erhitzen, etwas Öl dazugeben und die Chili-Schoten und Szechuanpfeffer bei mittlerer Hitze so lange anbraten, bis die Chili-Schoten leichte Blasen zeigen. Die weißen Teile der Frühlingszwiebel und die gebratenen Tofu-Würfel dazugeben und ca. 2 Min bei mittlerer Hitze erwärmen. Sauce hinzufügen, alles gut durchmischen, bis die Sauce bindet. Die Pfanne vom Herd nehmen, die Nüsse untermischen, anrichten und mit den grünen Teilen der Frühlingszwiebel garnieren. Mit Reis nach Wahl servieren.

LAUWARMER NATURTOFU

Den Tofu in ca. 2 cm dicke Scheibe schneiden und ca. 5 Min im Wasserbad dämpfen. Für die Sauce: Sojasauce, Sesamöl, Chili-Öl und etwas Pfeffer mischen und über den erwärmten Tofu geben. Mit fein geschnittenen Frühlingszwiebeln garnieren, einfach lecker! Wenn Sie Tofu selber machen *(Seiten: 108-115)* und lauwarm genießen wollen, schneiden Sie die Oberfläche leicht ein und gießen die Sauce gleich darüber.

131

GUOTA-TOFU

2 PERSONEN
ZUBEREITUNGSZEIT: 25 MIN

ZUTATEN
200 g Naturtofu
1 Ei
3 Frühlingszwiebeln
1 kl. Stück Ingwer
1 Sternanis
3 Knoblauchzehen
2 EL Öl
1/2 TL Salz
1 TL Sojasauce
1 TL Zucker
2 TL Speisestärke
1 TL Sesamöl
200 ml heißes Wasser

ZUBEREITUNG

Tofu in dreieckige ca. 5 mm dicke Scheiben schneiden, in Wasser mit wenig Salz ca. 1 Min kochen *(Seiten: 122-123)*. Frühlingszwiebeln in ca. 4 cm lange Stücke schneiden, Wurzeln entfernen. Ingwer und Knoblauch schälen und in dünne Scheiben schneiden. Ei mit einer Prise Salz in einer Schüssel aufschlagen und gut verrühren. Öl in einer beschichteten Pfanne erhitzen, die Tofu-Dreiecke kurz in die Eier-Panade tauchen und in der Pfanne von beiden Seiten goldbraun anbraten. Herausnehmen und beiseite stellen.
Die Pfanne erhitzen und etwas Öl dazugeben, Frühlingszwiebeln, Knoblauch, Ingwer und Sternanis dazugeben und kurz anbraten. Mit Sojasauce, Zucker und 200 ml heißem Wasser ablöschen. Kurz aufkochen, Tofu-Scheiben hinzufügen und ca. 3-4 Min bei mittlerer Hitze dünsten. Mit etwas Salz würzen. Damit die Flüssigkeit etwas sämiger wird, 3 EL Flüssigkeit aus der Pfanne entnehmen, in einem kleinen Schüsselchen mit der Speisestärke mit einem Schneebesen verquirlen, so dass keine Klümpchen entstehen, vorsichtig in die Sauce einrühren und gut vermischen. Anschließend das Sesamöl untermischen. Mit Reis nach Wahl servieren.

KNUSPRIGER TOFU MIT ROTER SAUCE UND KRÄUTERN

2 PERSONEN
ZUBEREITUNGSZEIT: 25 MIN

ZUTATEN
200 g Naturtofu
2 EL Speisestärke
6 Cherry-Tomaten
3 EL passierte Tomaten
2 EL Öl
Für die Kräuter:
1 Frühlingszwiebel
1 Bund Koriander
1 Bund Minzblätter
1 Knoblauchzehe
1 EL Olivenöl
1/2 TL Salz

ZUBEREITUNG

Das ganze Stück Tofu im Wasser mit etwas Salz ca. 1 Min kochen *(Seiten: 122-123)*. Anschließend Tofu in kleine Würfel schneiden, in eine Schüssel geben, mit der Speisestärke vorsichtig vermengen. In einer beschichteten Pfanne 1 EL Öl erhitzen, die Tofu-Würfel darin von allen Seiten goldbraun anbraten, auf einem Küchenpapier abtropfen lassen. Für die Kräuter Frühlingszwiebeln, Koriander, Minzblätter und Knoblauchzehen fein hacken, dazu etwas Salz und 1 EL Olivenöl gut verrühren und auf die Seite stellen. In einer Pfanne 1 EL Öl erhitzen, die Cherry-Tomaten darin kurz anbraten, die passierten Tomaten hinzufügen, eventuell 2-3 EL Wasser dazugeben und kurz aufkochen, mit etwas Salz abschmecken. Tofu mit der roten Sauce und den Kräutern lauwarm oder kalt anrichten.

Gefrorener Naturtofu

Aufgetauter Naturtofu

GEFRORENER NATURTOFU

Tofu friert man nicht nur ein, damit er länger haltbar ist, sondern auch, weil sich durch das Einfrieren, das anschließende Auftauen und Auspressen eine neue Geschmacksvariante ergibt. Durch das Einfrieren bilden sich im Tofu größere Eiskristalle. Durch das Auftauen und Auspressen werden die Poren größer und nehmen bei der weiteren Verarbeitung die Sauce besser auf. Gerichte mit zuvor eingefrorenem Tofu schmecken daher saftiger.

NATURTOFU EINFRIEREN
Ca. 200 g Tofu in einen Topf geben, mit kaltem Wasser auffüllen, knapp bedeckt, ½ TL Salz hinzugeben und zum Kochen bringen, bei geringer Hitze weiter köcheln lassen. Den Tofu herausnehmen und abkühlen lassen, in einen Gefrierbeutel oder in einer Gefrierbox ins Tiefkühlfach geben. Wenn weißer Naturtofu eingefroren wird, kann es sein, dass er dadurch eine etwas gelbliche Farbe annimmt. Doch keine Sorge, nach dem Auftauen wird er wieder schön weiß. Vor der weiteren Verwendung die Flüssigkeit auspressen.

GEFRORENER TOFU – „VIEL-GLÜCK-TOFU"

ZUBEREITUNGSZEIT: 25 MIN
4 POTIONEN

ZUBEREITUNG

Tofu auftauen und das Wasser vorsichtig auspressen. Getrocknete Shiitake-Pilze waschen und in einer Schüssel mit ca. 1 Ltr lauwarmem Wasser komplett bedeckt mindestens 3 Stunden einweichen. Das Einweichwasser nicht wegschütten, sondern beiseite stellen, es wird weiter als Schmorflüssigkeit gebraucht. Die Pilze auspressen und beiseite stellen. Die Mu-Err-Pilze waschen und in einer Schüssel mit kaltem Wasser bedeckt mindestens 3 Stunden einweichen, danach abtropfen lassen und beiseite stellen. In einem mittelgroßen Topf Öl erhitzen. Tofu, die Pilze und Erdnüsse darin kurz anbraten, Sternanis, Kandiszucker, Sojasauce und Salz und das zuvor beiseite gestellte Einweichwasser von den Shiitake-Pilzen dazugeben. Alle Zutaten sollten mit Flüssigkeit bedeckt sein, eventuell noch Wasser zugeben. Alles zum Kochen bringen und ca. 40 Min bei niedriger Hitze bei halbgeschlossenem Deckel köcheln lassen. Anschließend Sesamöl unterrühren. Heiß oder kalt servieren. Reis nach Wahl als Beilage.

ZUTATEN
200 g gefrorener Tofu
16 g getrocknete Shiitake-Pilze
6 g getrocknete Mu-Err-Pilze
50 g ungesalzene Erdnüsse
3 Sternanis
30 g Kandiszucker
2 EL helle Sojasauce
1/2 EL Salz
1 TL geröstetes Sesamöl

TIPP:
Im Kühlschrank hält dieses Gericht 3-4 Tage.

GEFRORENER TOFU MIT SAUERKRAUT UND REISNUDELN

143

2 PERSONEN
ZUBEREITUNGSZEIT: 20 MIN

ZUTATEN
200 g gefrorener Tofu
100 g Sauerkraut frisch oder aus der Dose
90 g Reisnudeln
2 Frühlingszwiebeln
1 Stück Ingwer
1/2 Bund Koriander
2 kl. Chilischoten
1/2 TL Salz
1 TL Zucker
2 EL Öl
400 ml Sojabohnenfond
(*Rezept Seiten: 180-181*) oder Gemüsefond
2 EL knusprige Sojabohnen
(*Rezept Seiten: 76-81*)

ZUBEREITUNG

Tofu auftauen und vorsichtig das Wasser auspressen und in mundgerechte Stücke schneiden. Das Sauerkraut kurz mit kaltem Wasser abbrausen und gut abtropfen lassen. Reisnudeln in lauwarmem Wasser 5 Min einweichen und abtropfen lassen. Frühlingszwiebeln waschen und in feine Ringe schneiden. Ingwer schälen und fein hacken. Koriander, Chili-Schote waschen und klein schneiden. Öl in einem Topf erhitzen, Frühlingszwiebeln, Ingwer und Chili-Schoten hinzugeben und kurz anbraten. Sauerkraut und Zucker dazugeben und ca. 2 Min mitbraten. Sojabohnenfond oder Gemüsefond dazugeben, alles zum Kochen bringen, Tofu hinzufügen und das Ganze 5 Min köcheln lassen. Reisnudeln hinzufügen, ca. 2 Min köcheln, mit Salz abschmecken. In Schälchen anrichten, mit Koriander und ein Paar knusprige Sojabohnen garnieren und warm servieren.

144

SEIDENTOFU

145

VOLLER KRAFT UND ENERGIE!

Seidentofu-Suppe zum Frühstück, leicht verdaulich, warm und weich, die Pflege für den Magen. Täglich zum Frühstück genossen gibt es den Menschen Kraft und Energie und macht gute Laune. Das Streben nach Gesundheit und Vitalität ist für Chinesen der höchste erstrebenswerte Zustand. Um diesen Zustand zu erreichen, machen viele chinesische Rentner Morgenübungen. Es gibt viele Möglichkeiten, Frühsport auszuüben – man muss sich nicht nur auf Tai Chi oder Qi Gong beschränken. Der Schlüssel ist, aus dem Haus zu gehen!

Immer öfter sieht man Rentner in Begleitung ihrer Enkelkinder die Morgenübungen machen. Die Nachahmungsfähigkeiten der Kinder sind sehr groß. Darum wird man nach und nach feststellen, dass das Enkelkind bald genauso gut turnt wie sein Großvater und noch besser mit der Großmutter auf öffentlichen Plätzen tanzen kann.

SEIDENTOFUSUPPE

2 PERSONEN
ZUBEREITUNGSZEIT: 25 MIN

ZUBEREITUNG

Getrocknete Shiitake-Pilze waschen und in einer Schüssel mit lauwarmen Wasser komplett bedeckt mindestens 3 Stunden einweichen. Die Pilze trockendrücken und in feine Streifen schneiden.

Mu-Err-Pilze waschen und in einer Schüssel mit kaltem Wasser komplett bedeckt mindestens 3 Stunden einweichen. Frühlingszwiebel waschen und ca. 2 cm lang schneiden. Ingwer schälen und fein hacken. Die roten und gelben Paprika in Streifen schneiden, Koriander klein hacken. Öl in einem mittelgroßen Topf erhitzen, Frühlingszwiebel und Ingwer darin bei mittlerer Hitze unter gelegentlichem Rühren 1 Min andünsten.

Eingeweichte Shiitake- und Mu-Err-Pilze-Streifen, Sojasauce und Zucker dazugeben und ca. 5 Min mitdünsten. Sojafond oder Gemüsefond hinzufügen und das Ganze ca.15 Min köcheln lassen. Den Tofu in die Suppe geben. Speisestärke in 2 EL kaltem Wasser auflösen, gut verrühren, am besten mit dem Schneebesen zur Tofusuppe hinzufügen, alles für ca. 3 Min köcheln lassen, mit Salz abschmecken. Hitze abstellen und Sesamöl einrühren. Den Tofu mit etwas Brühe in Schüsseln geben und mit Koriander und Chili-Öl verfeinern, gebackene oder gekochte Sojabohnen darauf streuen und warm servieren.

ZUTATEN

200 g Seidentofu
8 g getrocknete Shiitake-Pilze
2 g getrocknete Mu-Err-Pilze
1 Frühlingszwiebel
1 Stück *(ca. 2 cm)* Ingwer
1/4 Stück gelbe und rote Paprika
2 EL gekochte oder gebackene Sojabohnen
1/2 Bund frischer Koriander
400 mL Sojafond *(Rezept Seiten: 180-181)*
oder Gemüsefond
1 EL Öl
1 EL Sojasauce
1 TL Sesamöl
1 TL Salz
1 TL Zucker
1 TL Speisestärke
1 TL Chili-Öl

TYPISCHES FRÜHSTÜCK FÜR ZWEI IN PEKING:

Seidentofu-Suppe, frittiertes Gebäck, Sojamilch, eingelegtes Gemüse

152

Erst nach dem Dämpfen
tritt die Flüssigkeit (Sauce) aus.

GEDÄMPFTER SEIDENTOFU MIT HOKKAIDO-KÜRBIS

2 PERSONEN
ZUBEREITUNGSZEIT: 30 MIN

ZUTATEN
200 g Seidentofu
40 g Hokkaido-Kürbis
3 Stiele Frühlingszwiebel (grüner Teil)
2 Knoblauchzehen
2 Chili-Schoten rot oder grün
(kann weggelassen werden)
1 EL Sojasauce
2 EL ÖL *(raffiniertes Öl)*
1/2 TL Salz

ZUBEREITUNG
Hokkaido-Kürbis waschen, schälen und am besten mit einem Käsehobel in dünne Scheiben schneiden. Seidentofu in einen tiefen Teller oder eine Schüssel geben (beides hitzebständig), dann halbieren und 5-mal schneiden. Die Kürbisspäne zwischen die Tofustücke geben, die restlichen Kürbisscheiben um den Tofu verteilen (kl. Foto links). Die Chili-Schoten in kleine Stücke schneiden und über den Tofu streuen, Sojasauce über den Tofu träufeln. Den Teller im Dämpfer ca. 25-20 Min garen. Frühlingszwiebeln waschen, Knoblauch schälen und beides fein hacken. Wenn der Tofu gar ist, herausnehmen, die Frühlingszwiebeln und Knoblauch über den Tofu geben. 2 EL Öl in einem kleinen Topf bis kurz vor dem Rauchpunkt erhitzen, das erhitzte Öl vorsichtig über die Frühlingszwiebel und Knoblauch gießen. Mit Salz würzen und warm servieren.

Verschiedene Räuchertofu und Aromatofu auf dem chinesischen Lebens-mittelmarkt in Xi'an.

RÄUCHERTOFU

155

Der Herstellungsprozess bei Räuchertofu und Naturtofu ist nahezu gleich. Aber der Räuchertofu ist würzig, aromatisch, länger haltbar und wird als Brotbelag, in Salaten oder Gemüse verwendet und meist vorher angebraten. Natürlich passt gebratener Räuchertofu auch hervorragend zu Gemüsegerichten, Reis, Kartoffeln und Nudeln.

RÄUCHERTOFU MIT GEBRATENEN ROTEN ZWIEBELN

2 PERSONEN
ZUBEREITUNGSZEIT: 20 MIN

ZUTATEN
100 g Räuchertofu
4 kleine rote Zwiebeln
1/2 Karotte
1/2 Bund frischer Koriander
1/2 TL Salz
1 TL Zucker
1 EL Öl
1 TL Sesamöl

ZUBEREITUNG
Räuchertofu und Karotte in dünne Streifen schneiden. Rote Zwiebeln schälen und in dünne Ringe schneiden. Öl in einer Pfanne erhitzen, Karotte und rote Zwiebeln darin unter ständigem Rühren glasig andünsten. Sind die Zwiebeln glasig, den Zucker darüber gleichmäßig verteilen und die Zwiebeln leicht karamellisieren. Räuchertofu dazugeben und ca. 3 Min anbraten, mit etwas Salz abschmecken. Sesamöl verrühren, mit Koriander garnieren, heiß mit gekochtem Reis servieren.

RÄUCHERTOFU MIT GEBRATENEM STANGENSELLERIE

2 PERSONEN
ZUBEREITUNGSZEIT: 20 MIN

ZUTATEN
100 g Räuchertofu
200 g Stangensellerie
2 Cocktailtomaten
1 TL Szechuanpfefferkörner
1/2 TL Salz
1 EL Öl
1 TL Sesamöl

ZUBEREITUNG
Räuchertofu in dünne Scheiben schneiden. Sellerie waschen und mit dem Messer schräg in dünne Scheiben schneiden. Öl in einer Pfanne erhitzen, Szechuanpfefferkörner darin 1 Min anbraten, herausnehmen und entsorgen (werden nur gebraucht, um das Öl zu aromatisieren). Stangensellerie und Räuchertofu in das aromatisierte Öl geben und ca. 3 Min anbraten. Cocktailtomaten halbieren und zugeben, mit etwas Salz abschmecken. Sesamöl verrühren, heiß mit gekochtem Reis servieren.

FÜNF-GEWÜRZE-RÄUCHERTOFU

Der in fünf Gewürzen eingelegte und anschließend geräucherte Tofu steht im riesigen Bambusbehälter zur Selbstbedienung bereit. Auf Gemüsemärkten sehr verbreitet. Ein in China beliebter Snack für zwischendurch, vor allem auch eine leckere Grundlage für zu Hause oder in Restaurants. Die fünf Gewürze sind Echter Sternanis, Szechuanpfeffer, Zimt, Fenchel, Gewürznelke.

161

RÄUCHERTOFU MIT GEBRATENEN ZUCKERSCHOTEN

2 PERSONEN
ZUBEREITUNGSZEIT: 15 MIN

ZUTATEN

100 g Aromatofu *(aus dem Asienladen)* oder Räuchertofu
200 g Zuckerschoten
4 Knoblauchzehen
2 Chillischoten (kann man weglassen)
1/2 TL Salz
1 TL Zucker
1 EL Öl
1 TL Sesamöl

ZUBEREITUNG

Aromatofu in mundgerechte Stücke schneiden. Zuckerschoten 1 Min in kochendem Salzwasser blanchieren und abtropfen lassen. Chilischoten waschen und Knoblauchzehen schälen und in dünne Scheiben schneiden. Öl in einer Pfanne erhitzen, Chilischoten darin kurz anbraten. Zuckerschoten und Aromatofu dazugeben und ca. 2 Min anbraten, anschließend Knoblauch dazugeben und mit etwas Salz abschmecken. Sesamöl verrühren, heiß mit gekochtem Reis servieren.

REZEPTVARIANTEN

RÄUCHERTOFU MIT OBSTSALAT
Hier: Apfel, Mango, Granatapfel, Heidelbeeren, Gold-Kiwi

RÄUCHERTOFU-SANDWICH
Belag: Käse, Apfel, Gurke, gemischte Salatblätter, süßsaure Sauce

SOJA-DATTELN-SMOOTHIE WARM ODER KALT
Seiten: 170-171

KALTE NUDELSUPPE MIT SOJAMILCH
UND SEIDENTOFU
Seiten: 174-175

VON DER BOHNE ZUR SOJAMILCH

„Wenn die Haut weiß und glatt ist, kann sie viele andere Gesichtsfehler überdecken", definiert diese chinesische Redewendung eine gute Haut. Weiß in diesem Sinne ist nicht nur eine Definition der Hautfarbe. Es ist Ausdruck auch des gesamten Erscheinungsbildes eines Menschen. Der erste Eindruck eines Menschen entsteht durch die Gesichtsfarbe. Daher achten die meisten jungen Mädchen besonders auf die Pflege ihrer Haut. Da Sojaprodukte auch den Stoffwechsel der Haut anregen und die Hauf feucht und zart halten, sind besonders Sojagetränke und Soja-Smoothies sehr populär. Sojagetränke mit Datteln sind bei Frauen in Asien sehr beliebt: Ein Glas pro Tag füllt die Energiespeicher auf, hält die Haut weiß und feucht, verhindert Falten, hält die Haut straff und zügelt den Appetit.

SOJA-DATTELN-SMOOTHIE
(WARM ODER KALT)

171

2 PERSONEN
ZUBEREITUNGSZEIT: 5 MIN

ZUTATEN
Für 2 Gläser, je ca. 200 ml
120 g gekochte Sojabohnen
(Grundrezept für die Sojabohnen Seiten: 48-49)
5 Datteln *(entkernt)*
400 ml heißes Wasser
(für kalte Smoothies kaltes Wasser)

ZUBEREITUNG
Alle Zutaten in einen Mixer geben und so lange mixen, bis die Flüssigkeit schön cremig ist.

Tipp:
Auch ohne Dattel, also pur, wird die gemixte Flüssigkeit auch in Müslis und für Desserts oder zum Backen verwendet. Ein selbst gemachtes Soja-Smoothie schmeckt natürlich im Vergleich zum gekauften Sojagetränk deutlich besser. Mixen Sie Ihre Smoothies selbst, so bleiben die gesamten Nährstoffe erhalten und der Geschmack ist sehr viel intensiver!

6:00 Uhr morgens wird die frisch gekochte Sojamilch in einem kleinen Xi'aner Restaurant schon vorbereitet.

SOJABOHNEN-ZWIEBEL-BROTAUFSTRICH
Seiten: 178-179

SOJABOHNEN-FOND
Seiten: 180-181

SOJABOHNEN-BÄLLCHEN
Seiten: 184-187

SOJABOHNENSAUCE MIT SPAGHETTI
Seiten: 188-189

SOJABOHNEN MIT ORECCHIETTE UND YUXIANG-SAUCE
Seiten: 190-191

SOJABOHNEN-PUFFER
Seiten: 192-193

Kap. 6

DER VERWENDUNG VON SOJABOHNEN SIND FAST KEINE GRENZEN GESETZT!

Jeder kann sie nach seiner Phantasie und seinem Geschmack verwenden. Und sein eigenes Rezept erfinden und Menüs zusammenstellen. Die nachfolgenden Rezepte sind kreative Vorschläge und sollen zu eigenen Ideen anregen und Mut machen.

SOJABOHNEN-ZWIEBEL-BROTAUFSTRICH

2 PERSONEN
ZUBEREITUNGSZEIT: 35 MIN

ZUTATEN
50 g gekochte Sojabohnen
(Grundrezept für die Sojabohnen Seiten: 48-49)
1 kl. Zwiebel
1 kl. Essiggurke
1 Knoblauchzehe
1 TL Essig
1 EL Olivenöl
1/2 TL Salz
1 TL schwarzer, gemahlener Pfeffer,
ein paar Scheiben Vollkornbrot
1 Chilli-Schote und 2 Blätter Minze
(kann man weglassen)

ZUBEREITUNG
Sojabohnen mit geschältem und in Scheiben geschnittenem Knoblauch, Olivenöl und Essig in einem Mixer grob mixen. Geschälte Zwiebel, Essiggurke fein hacken und mit dem Mix gut mischen. Mit Salz und Pfeffer abschmecken und anrichten.

180

SOJABOHNEN-FOND
WENIG IST MEHR

ZUBEREITUNGSZEIT: 90 MIN
FÜR CA. 1,5 LTR SOJABOHNENFOND

ZUBEREITUNG

Sojabohnen „WaWeiSpü" *(Seiten: 46-47)*. Kombu-Algen vorsichtig waschen, 15 Min in Wasser einweichen, getrocknete Pilze waschen und in heißem Wasser 30 Min einweichen, abgießen und das Wasser beiseite stellen. Karotten waschen, in große Stücke schneiden, Maiskolben waschen, und in 2-3 Stücke zerteilen. Öl in einem großen Topf erhitzen, die Karotten ca. 2 Min braten. Die restlichen Zutaten und Wasser dazugeben, zum Kochen bringen, Schaum abschöpfen, bei geringer Hitze und leicht geöffnetem Deckel ca. 1,5 Stunden köcheln. Den Fond anschließend durch ein Sieb gießen und in einem Topf auffangen.

TIPP:
Der abgekühlte Sojabohnenfond lässt sich im Tiefkühlfach portionsweise im Eiswürfelbehälter oder in einer Box aufbewahren.

ZUTATEN
150 g trockene Sojabohnen
2 Bio-Karotten
20 g getrocknete Steinpilze oder Shiitake-Pilze
(bei frischen Pilzen 200 g)
1 Maiskolben *(oder aus der Dose, ca. 140 g)*
60 g getrocknete Kombu-Algen
(aus dem Asienladen)
1 EL Öl
2,5 Ltr Wasser

SOJA-TOFUSUPPE

Sojabohnenfond kochen lassen. Naturtofu in Dreiecke schneiden und in die Suppe geben und ca. 15 Min bei schwacher Hitze kochen. Mit Petersilie, Koriander oder ein paar frittierten/gebackenen Sojabohnen garnieren.

SOJABOHNEN-BÄLLCHEN

185

2 PERSONEN
ZUBEREITUNGSZEIT: 35 MIN

ZUTATEN
50 g trockene Sojabohnen
2-3 Stück Bio-Karotten
1 Ei
1 Frühlingszwiebel
40 g Weizenmehl
1/2 TL Salz
1 TL Pfeffer
Frittier-Öl

ZUBEREITUNG
Sojabohnen „WaWeiSpü" *(Seiten: 46-47)* und im Mixer zerkleinern. Karotten waschen, schälen und fein raspeln, Frühlingszwiebel waschen, fein schneiden. Die zerkleinerten Sojabohnen mit Karotten und Frühlingszwiebel in einer Schüssel gut mischen, Ei und Mehl zugeben und verrühren, mit Salz und Pfeffer abschmecken. Mit einem Löffel aus der Masse etwa tischtennisballgroße Bällchen formen und in das erhitzte Öl geben, goldbraun frittieren, bis die Bällchen oben schwimmen. Herausnehmen und auf Küchenpapier abtropfen lassen und anrichten oder weiter verarbeiten *(nächste Seite)*.

WRAP MIT FRITTIERTEN SOJA-BÄLLCHEN

187

188

SOJABOHNENSAUCE MIT SPAGHETTI

189

2 PERSONEN
ZUBEREITUNGSZEIT: 35 MIN

ZUTATEN
160 g Spaghetti
250 g frische Tomaten oder aus der Dose
50 g trockene Sojabohnen
2 Knoblauchzehen
2 Chili-Schoten *(kann man weglassen)*
Basilikumblätter
2 EL Olivenöl
1/2 TL Salz
1 TL Pfeffer

ZUBEREITUNG
Sojabohnen „WaWeiSpü" *(Seiten: 46-47)*. Aus den Tomaten die Strünke herausnehmen, waschen und in kleine Stücke schneiden. Die Knoblauchzehen und Chili-Schoten fein hacken, Basilikumblätter waschen. Olivenöl in einem Topf erhitzen und Knoblauch bei mittlerer Temperatur unter Rühren leicht anbraten. Sojabohnen und Tomaten hinzufügen, 30-35 Min köcheln lassen, eventuell 3-4 El Spaghetti-Kochwasser dazugeben, bis die Sauce leicht eingedickt ist und sämig wird, mit Salz und Pfeffer würzen und abschmecken. In der Zwischenzeit Spaghetti in einem Topf Salzwasser bissfest kochen und abgießen. Spaghetti anrichten und mit der Sauce übergießen und mit Basilikumblättern garnieren.

SOJABOHNEN MIT ORECCHIETTE UND YUXIANG-SAUCE

2 PERSONEN
ZUBEREITUNGSZEIT: 35 MIN

ZUTATEN
40 g trockene Sojabohnen
80 g Orecchiette
1 Karotten
1/2 Salatgurke
1 Zwiebel
2 Knoblauchzehen
1 Frühlingszwiebel
2 EL Olivenöl
1/2 TL Salz
1 TL Pfeffer

YUXIANG-SAUCE
2 EL Sojasauce
2 EL Balsamico
1 EL Rohrzucker
1 EL Wasser
1 EL Speisestärke
Alles in einer kleinen Schüssel mischen.

ZUBEREITUNG
Sojabohnen „WaWeiSpü" *(Seiten: 46-47)*. Karotte und Gurke waschen und in kleine Würfel schneiden, Zwiebel und Knoblauch fein hacken. Frühlingszwiebel waschen und in feine Ringe schneiden. Orecchiette in einem Topf mit Salzwasser nach Angabe bissfest kochen, abseihen und beiseite stellen. Olivenöl in einer tieferen Pfanne erhitzen, Zwiebel, Knoblauch und Karottenstücke bei mittlerer Hitze und gelegentlichem Umrühren 2-3 Min anbraten. Gekochte Orecchiette und Sojabohnen hinzufügen, 5 Min köcheln lassen. Gurke und Yuxiang-Sauce dazugeben, weiter köcheln lassen, bis die Sauce etwas eigedickt ist. Mit Salz und Pfeffer würzen, mit gehackten Frühlingszwiebeln anrichten.

SOJABOHNEN-PUFFER

2 PERSONEN
ZUBEREITUNGSZEIT: 30 MIN

ZUBEREITUNG

Sojabohnen „WaWeiSpü" *(Seiten: 46-47)*. Zwiebel schälen und Frühlingszwiebeln waschen, beide fein hacken. Paprika oder Chili-Schote waschen und in dünne Scheiben schneiden. Chinakohl waschen und im kochenden Wasser ca. 3 Min blanchieren, nach dem Abkühlen auspressen und in feine Streifen schneiden. Die eingeweichten Sojabohnen mit 200 ml Wasser fein pürieren und mit geschnittener Zwiebel, Frühlingszwiebel, Chinakohl, Mehl gut vermengen, mit Salz und Pfeffer würzen und abschmecken. Öl in einer beschichteten Pfanne erhitzen, einige Esslöffel Sojabohnenteig in die Pfanne geben und zu Talern formen, darauf einige Paprikascheiben legen. Puffer in heißem Öl braten und sobald ihre Ränder anfangen braun zu werden, wenden und knusprig braten. Kalt oder warm servieren.

ZUTATEN
50 g trockene Sojabohnen
1/4 Chinakohl *(ca. 350 g)*
1 Zwiebel
1 Frühlingszwiebel
1 kl. Chili-Schote oder rote Mini-Paprika
5 EL Mehl
200 ml Wasser
1 TL Salz
1 TL Pfeffer
3 EL Rapsöl

195

WEG
HGEWICHT

Ob in China eine Holzstange über dem Kopf getragen wird, um den Atem bei den Morgenübungen besser zu spüren, oder in Deutschland am Sonntagnachmittag bei Regen geangelt und dabei ein Bier getrunken wird – jeder Mensch versucht, sein Gleichgewicht zu finden. Dadurch ist unsere Welt bunt und lebendig. Die Betrachtung der Lebensweise und Ernährungsgewohnheiten in Deutschland haben mich letztlich inspiriert, auch neue Arten der Sojabohnenzubereitung auszuprobieren. Tradition und Neues sind dadurch bei mir selbst ins Gleichgewicht gekommen, meine Vitalität ist dadurch angeregt worden!

FEIPENG JIANG

Geboren 1976 in China, 2007 Diplom an der Hochschule für Künste Bremen.
Feipeng Jiang forscht intensiv über die visuelle Sprache in Ost und West.
Sein Buch „Mo Stadt" gewann den red dot award communication design 2008.
Er lebt als freischaffender Fotokünstler und Designer in Berlin, Peking und Xi'an.

YAXIN YANG

YAXIN YANG, Jahrgang 1977, ist in Peking geboren und aufgewachsen.

Geprägt durch ihren Vater, der Kalligraphie, Historien- und Naturmalerei unterrichtete, studierte Yaxin Yang zunächst Ölmalerei an der Capital Normal University Peking, ging 2001 nach Hamburg, wo sie bei Prof. Rüdiger Stoye an der HAW Hamburg ihr Studium in Illustration fortsetzte und 2008 mit einem Diplom abschloss. Erste Veröffentlichungen folgten, so 2009 das Buch „Der Neunfarbige Hirsch", eine Geschichte aus dem alten China, nicht nur für Kinder. „Eine gelungene Mischung aus traditioneller Tuschetechnik und digitalen Ausdrucksmedien", so das Fazit aus dem Feuilleton der FAZ, „ein Buch voller Magie, Poesie und nicht zuletzt versteckter Ironie." Verschiedene Projekte mit Kindern folgten sowie diverse Auftragsarbeiten für deutsche und chinesische Verlage.

Beobachten, Erleben und Experimentieren. Die Momente und Details im täglichen Leben, sich auf die Tiefen konzentrieren und dadurch eine neue Welt voller Vitalität öffnen. Das hat Yaxin Yang in ihren Werken künstlerisch umgesetzt. Auch die Kochkunst ist eine Welt voller Vitalität. Sie hat keine Angst, jedes Gericht zu probieren oder selbst nachzukochen, fremde Gerichte ebenso wie chinesisches Essen.

„Wenn ich ein chinesisches Rezept probiere, versuche ich es durch, meine Geschmackserinnerung und aktuelle Zutaten zu kreeiren, das ist für mich besonders attraktiv. Vor allem wenn ich in Europa bin, kann ich diese Aromen und Gericht nur mit meinen eigenen Händen schaffen, da ich sie nirgendwo kriegen kann. Diese Prozesse sind für mich immer sehr aufregend."

„Im Spannungsfeld der verschiedenen Kulturen kann ich immer wieder meine Kreativität zum Ausdruck bringen und Menschen zusammenführen. Ich will Brücken bauen!", sagt Yaxin Yang.

REZEPTE NACH ZUTATEN
Seiten: 202-203

REZEPTE NACH HAUPTKATEGORIEN
Seiten: 204-205

INDEX

201

REZEPTE NACH ZUTATEN

SOJABOHNEN

KNUSPRIGE BOHNEN BACKOFEN- UND FRITTIERTE VARIANTE
Seiten: 76-81

KNUSPRIGE BOHNEN MIT KAROTTEN-SALAT
Seite: 82

KNUSPRIGE BOHNEN MIT KÜRBISSUPPE
Seite: 83

KNUSPRIGE BOHNEN AUF KARTOFFELSALAT
Seite: 83

SOJABOHNEN PUR GENIEßEN
Seiten: 48-49

SOJABOHNEN MIT SPINAT-SALAT UND SESAMSAUCE
Seiten: 52-53

SOJABOHNEN MIT KOMBU-ALGEN-SALAT
Seiten: 54-55

SOJABOHNEN MIT WALD- UND WIESENSALAT
Seite: 56

SOJABOHNEN MIT GURKE, TOMATE UND KOHLRABI-SALAT
Seite: 57

SOJABOHNEN MIT BROKKOLI, RETTICH UND ROTER, GELBER PAPRIKA-SALAT
Seite: 57

SOJABOHNEN MIT NATURREIS
Seiten: 58-59

SÜßE BOHNEN
Seiten: 64-65

SÜßE BOHNEN MIT JOGHURT-QUARKSPEISEN
Seite: 67

SÜßE BOHNEN MIT MANGO, RUCOLA, TOMATEN-SALAT
Seite: 67

SÜßE BOHNEN MIT ERDBEEREN
Seite: 67

SAURE BOHNEN
Seiten: 86-89

SOJABOHNEN-ZWIEBEL-BROTAUFSTRICH
Seiten: 178-179

SOJABOHNEN-FOND
Seiten: 180-181

SOJABOHNEN-BÄLLCHEN
Seiten: 184-187

SOJABOHNENSAUCE MIT SPAGHETTI
Seiten: 188-189

SOJABOHNEN MIT ORECCHIETTE UND YUXIANG-SAUCE
Seiten: 190-191

SOJABOHNEN-PUFFER
Seiten: 192-193

WÜRZIGE BOHNEN
Seiten: 70-71

WÜRZIGE BOHNEN ALS BROTBELAG
Seite: 72

WÜRZIGE BOHNEN AUF BLUMENKOHL-PÜREE
Seite: 73

WÜRZIGE BOHNEN AUF FRISCH GEKOCHTEM REIS
Seite: 73

EDAMAME

EDAMAME MIT STERNANIS
Seiten: 34-35

EDAMAME-PASTE MIT NÜSSEN
Seiten: 42-43

GEBRATENE EDAMAME-BOHNEN
Seiten: 40-41

SOJAMEHL

BANANENEIS MIT GERÖSTETEM SOJAMEHL OHNE EISMASCHINE
Seiten: 100-101

RAINDROP-CAKE MIT GERÖSTETEM SOJAMEHL
Seiten: 102-103

SOJAMILCH

KALTE NUDELSUPPE MIT SOJAMILCH UND SEIDENTOFU
Seiten: 174-175

SOJA-DATTELN-SMOOTHIE WARM ODER KALT
Seiten: 170-171

TOFU

GEFRORENER TOFU – „VIEL-GLÜCK-TOFU"
Seiten: 140-141

GEFRORENER TOFU MIT SAUERKRAUT UND REISNUDELN
Seiten: 142-143

GEDÄMPFTER SEIDENTOFU MIT HOKKAIDO-KÜRBIS
Seiten: 152-153

GONGBAO-TOFU
Seiten: 128-129

GUOTA-TOFU
Seiten: 132-133

KNUSPRIGER TOFU MIT ROTER SAUCE UND KRÄUTERN
Seiten: 134-135

LAUWARMER TOFU
Seiten: 130-131

RÄUCHERTOFU MIT GEBRATENEN ROTEN ZWIEBELN
Seiten: 156-157

RÄUCHERTOFU MIT GEBRATENEM STANGENSELLERIE
Seiten: 158-159

RÄUCHERTOFU MIT GEBRATENEN ZUCKERSCHOTEN
Seiten: 162-163

RÄUCHERTOFU MIT OBSTSALAT
Seite: 164

RÄUCHERTOFU-SANDWICH
Seite: 165

SEIDENTOFUSUPPE
Seiten: 148-151

SOJA-TOFUSUPPE
Seite: 183

TOFU MIT GEBRATENEM CHINAKOHL
Seiten: 124-127

REZEPTE NACH HAUPTKATEGORIEN

SÜSSPEISEN

BANANENEIS MIT GERÖSTETEM SOJAMEHL OHNE EISMASCHINE
Seiten: 104-105

EDAMAME-PASTE MIT NÜSSEN
Seiten: 42-43

GERÖSTES SOJAMEHL
Seiten: 100-101

RAINDROP-CAKE MIT GERÖSTETEM SOJAMEHL
Seiten: 102-103

SÜSSE BOHNEN
Seiten: 64-65

SÜSSE BOHNEN MIT JOGHURT-QUARKSPEISEN
Seite: 67

SÜSSE BOHNEN MIT MANGO, RUCOLA, TOMATEN-SALAT
Seite: 67

SÜSSE BOHNEN MIT ERDBEEREN
Seite: 67

SOJA-DATTELN-SMOOTHIE WARM ODER KALT
Seiten: 170-171

KALTE SPEISEN

EDAMAME MIT STERNANIS
Seiten: 34-35

GEFRORENER TOFU – „VIEL-GLÜCK-TOFU"
Seiten: 140-141

KNUSPRIGE BOHNEN BACKOFEN- UND FRITTIERTE VARIANTE
Seiten: 76-81

KNUSPRIGE BOHNEN MIT KAROTTEN-SALAT
Seiten: 76-81, Seite: 82

KALTE NUDELSUPPE MIT SOJAMILCH UND SEIDENTOFU
Seiten: 174-175

KNUSPRIGER TOFU MIT ROTER SAUCE UND KRÄUTERN
Seiten: 134-135

RÄUCHERTOFU MIT OBSTSALAT
Seite: 164

RÄUCHERTOFU-SANDWICH
Seite: 165

SOJABOHNEN PUR GENIESSEN
Seiten: 48-49

SOJABOHNEN MIT SPINAT-SALAT UND SESAMSAUCE
Seiten: 52-53

SOJABOHNEN MIT KOMBU-ALGEN-SALAT
Seiten: 54-55

SOJABOHNEN MIT WALD- UND WIESENSALAT
Seite: 56

SOJABOHNEN MIT GURKE, TOMATE UND KOHLRABI-SALAT
Seite: 57

SOJABOHNEN MIT BROKKOLI, RETTICH UND ROTER, GELBER PAPRIKA-SALAT
Seite: 57

SÜSSE BOHNEN
Seiten: 64-65

SÜSSE BOHNEN MIT JOGHURT-QUARKSPEISEN
Seite: 67

SÜSSE BOHNEN MIT MANGO, RUCOLA, TOMATEN-SALAT
Seite: 67

SÜSSE BOHNEN MIT ERDBEEREN
Seite: 67

SAURE BOHNEN
Seiten: 86-89

SOJA-DATTELN-SMOOTHIE WARM ODER KALT
Seiten: 170-171

SOJABOHNEN-ZWIEBEL-BROTAUFSTRICH
Seiten: 178-179

SOJABOHNEN-BÄLLCHEN
Seiten: 184-187

WÜRZIGE BOHNEN
Seiten: 70-71

WÜRZIGE BOHNEN ALS BROTBELAG
Seiten: 70-71, Seite: 72

WARME GERICHTE

GEBRATENE EDAMAME-BOHNEN
Seiten: 40-41

GEFRORENER TOFU – „VIEL-GLÜCK-TOFU"
Seiten: 140-141

GEFRORENER TOFU
MIT SAUERKRAUT UND REISNUDELN
Seiten: 142-143

GEDÄMPFTER SEIDENTOFU
MIT HOKKAIDO-KÜRBIS
Seiten: 152-153

GONGBAO-TOFU
Seiten: 128-129

GUOTA-TOFU
Seiten: 132-133

KNUSPRIGE BOHNEN MIT KÜRBISSUPPE
Seite: 83

LAUWARMER TOFU
Seiten: 130-131

RÄUCHERTOFU
MIT GEBRATENEN ROTEN ZWIEBELN
Seiten: 156-157

RÄUCHERTOFU
MIT GEBRATENEM STANGENSELLERIE
Seiten: 158-159

RÄUCHERTOFU
MIT GEBRATENEN ZUCKERSCHOTEN
Seiten: 162-163

SOJABOHNEN MIT NATURREIS
Seiten: 58-59

SEIDENTOFUSUPPE
Seiten: 148-151

SOJA-DATTELN-SMOOTHIE WARM ODER KALT
Seiten: 170-171

SOJABOHNEN-FOND
Seiten: 180-181

SOJA-TOFUSUPPE
Seite: 183

SOJABOHNEN-BÄLLCHEN
Seiten: 184-187

SOJABOHNENSAUCE MIT SPAGHETTI
Seiten: 188-189

SOJABOHNEN MIT ORECCHIETTE
UND YUXIANG-SAUCE
Seiten: 190-191

SOJABOHNEN-PUFFER
Seiten: 192-193

TOFU MIT GEBRATENEM CHINAKOHL
Seiten: 124-127

WÜRZIGE BOHNEN AUF BLUMENKOHL-PÜREE
Seiten: 70-71, Seite: 73

WÜRZIGE BOHNEN AUF FRISCH GEKOCHTEM
REIS
Seiten: 70-71, Seite: 73

WÜRZIGE BOHNEN
Seiten: 70-71

SUPPE

GEFRORENER TOFU
MIT SAUERKRAUT UND REISNUDELN
Seiten: 142-143

KNUSPRIGE BOHNEN MIT KÜRBISSUPPE
Seiten: 76-81, Seite: 83

KALTE NUDELSUPPE
MIT SOJAMILCH UND SEIDENTOFU
Seiten: 174-175

SEIDENTOFUSUPPE
Seiten: 148-151

SOJABOHNEN-FOND
Seiten: 180-181

SOJA-TOFUSUPPE
Seiten: 180-181, Seite: 183

感謝！

VIELEN DANK!

Ich bedanke mich herzlich bei meinen Eltern, meinem Mann und meinen Freundinnen, die mir große Unterstützung und Hilfe für das Buch geschenkt haben. Statt Worte zu verwenden, möchte ich ihre Gesichter mit meinem Stift zu Papier bringen.

IMPRESSUM

www.soyasoyang.com
Copyright © 2019 Yaxin Yang
Wielandstraße 46, 10625 Berlin, Deutschland
Das Werk, einschließlich seiner Teile, ist urheberrechtlich geschützt. Jede Verwertung außerhalb der engen Grenzen des Urheberrechtsgesetzes ist ohne Zustimmung des Autors unzulässig. Dies gilt insbesondere für die elektronische oder sonstige Vervielfältigung, Übersetzung, Verbreitung und öffentliche Zugänglichmachung.

Rezepte und Texte: Yaxin Yang
Alle Fotos im Buch © Feipeng Jiang
Buchgestaltung: Feipeng Jiang
Korrektorat: Textbauer-berlin
Druck: medialis Offsetdruck GmbH, Berlin
Printed in Germany

ISBN 978-3-00-062293-9